Collection **COLLÈGE** dirigée par
Cécile de Cazanove
Agrégée de Lettres modernes

Prosper Mérimée

CARMEN

1847

texte intégral

Édition présentée par
Marie-Françoise Berrendonner-Morin
Agrégée de Lettres modernes

CARRÉS CLASSIQUES
Nathan

sommaire

Avant la lecture

Lire Carmen

ISBN : 978-2-09-188158-4

Après la lecture

Autre lecture

Dossier central images en couleur

avant la lecture

Qui êtes-vous, Prosper Mérimée ?

La France au temps de Mérimée

Qui sont les personnages ?

Qui êtes-vous, Prosper Mérimée ?

Une jeunesse austère (1803- 1823)

Fils unique de parents âgés, **je suis né dans une famille d'artistes** : mon père est un peintre reconnu et ma mère une excellente portraitiste. Mes parents m'ont légué leurs goûts classiques dans le domaine des arts et de la littérature. Au lycée Napoléon (actuel lycée Henri IV), à Paris, je suis un excellent élève en latin et en grec et je dévore les récits mettant en scène des bandits célèbres. Je me passionne aussi pour la magie et la sorcellerie. J'obtiens ma licence de droit en 1823.

Je me passionne pour la magie et la sorcellerie.

Mes débuts (1823-1830)

De 18 à 30 ans, je mène une vie plutôt dissipée, fréquentant des salons mondains et intellectuels. J'y rencontre des écrivains, des philosophes ou des savants, comme Jean-Jacques Ampère, Benjamin Constant ou Stendhal. Un peu plus tard, je fais la connaissance de Vigny, Musset, Hugo (que je n'aime guère), Sainte-Beuve et Liszt. En 1825, je publie *Le Théâtre de Clara Gazul*, un recueil de huit pièces dont l'auteur serait une jeune et mystérieuse Espagnole, tout droit sortie de mon imagination. Ma supercherie, une fois découverte, fait de moi un auteur prometteur.

Voyages et carrière littéraire et administrative (1830-1834)

À partir de 1830, je commence de longs voyages qui me mènent d'abord en Espagne. Je visite Madrid, Cordoue, Séville, Cadix, Grenade, Barcelone, Valence. J'y rencontre Mme de Montijo dont la plus jeune fille, Eugenia, deviendra impératrice des Français en 1853. Je me passionne pour la peinture espagnole et pour **le spectacle étrange et violent de la corrida**. J'accumule alors de la documentation

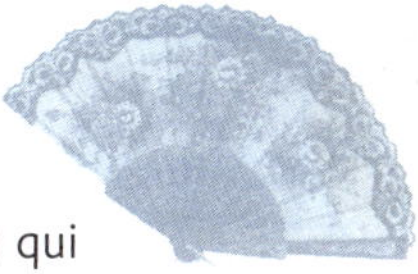

sur les Gitans. Je visite aussi l'Angleterre, l'Italie, la Grèce et l'Asie Mineure. Je m'intéresse aux langues rares comme celles des Gitans. Je publie des nouvelles parmi lesquelles *Mateo Falcone* (1828) et *Tamango* (1829).

Je sacrifie en partie mon œuvre à ma carrière (1834-1864)

En 1834, je suis nommé membre de l'Inspection Générale des monuments historiques. Je sillonne alors la France pour repérer les trésors d'architecture en danger. À partir de 1839, je supervise la restauration de Notre-Dame de Paris et du Mont Saint-Michel. Je publie mes notes de voyage illustrées de croquis. Je travaille aussi à des ouvrages historiques comme *L'Histoire de don Pedre* (1848) dont il sera déjà question dans *Carmen*. Je fais paraître quelques nouvelles : *La Vénus d'Ille* (1837), *Colomba* (1840), *Carmen* (1845) qui remportent toutes un grand succès.

Une période difficile (1864-1870)

Académicien (1844) puis sénateur (1854), je suis régulièrement invité par le couple impérial.

Je ne comprends pas l'art de mon temps.

Mais ces années sont assombries par la mort de ma mère, par celle de nombreux amis, par la dégradation de ma santé aussi. Je ne comprends plus mon époque, je n'aime ni Flaubert, ni Hugo, ni Courbet, ni Wagner. Bref, je suis un conservateur et **je me méfie de la modernité**. La chute du second Empire, après la défaite de Sedan contre les Prussiens, me porte un coup fatal. ■

Prosper Mérimée est mort le 23 septembre 1870. Sa mort passa inaperçue à cause de la déroute française et du blocus de Paris par l'armée prussienne.

La France au temps de Mérimée

D'intenses bouleversements politiques

Mérimée a connu cinq régimes politiques différents : le premier Empire (1804-1814), la Restauration avec les règnes de Louis XVIII et de Charles X (1814-1830), la monarchie de Juillet avec Louis-Philippe (1830-1848), la IIe République (1848-1851) et enfin le second Empire (1852-1870).

> *Mérimée a connu cinq régimes politiques différents.*

Aucun de ces régimes n'a duré, emporté soit par des défaites militaires (le premier Empire avec Waterloo et le second avec la défaite à Sedan contre la Prusse), soit par des révolutions (les Trois Glorieuses de juillet 1830 ou les journées de février 1848). Enfin, la IIe République est écrasée par le coup d'État de Louis-Napoléon Bonaparte, futur Napoléon III.

Un dynamisme économique inégal

La création de grandes banques, l'extension des lignes de chemin de fer, une politique de grands travaux et des dépenses de prestige sont des signes du dynamisme économique. Les grands travaux du baron Haussmann et la création de grands magasins changent le visage de Paris. Cependant ces

1803 : Naissance de Mérimée

1825 : *Le Théâtre de Clara Gazul*

1829 : *Chronique du règne de Charles IX. Mateo Falcone*

1837 : *La Vénus d'Ille*

1840 : *Colomba*

1804 – Ier EMPIRE (Napoléon Ier) – 1814 – RESTAURATION (Louis XVIII, Charles X) – 1830 – MONARCHIE DE JUILLET (Louis-Philippe)

1831 : Victor Hugo, *Notre-Dame de Paris*

1835 : Balzac, *Le Père Goriot*

1839 : Stendhal, *La Chartreuse de Parme*

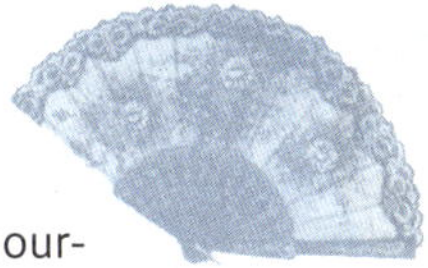

avancées, si elles sont spectaculaires, sont aussi limitées : dans certains secteurs (l'agriculture, l'industrie textile ou le petit commerce) le poids du passé fait obstacle aux changements.

La vie parisienne

La rénovation urbaine repousse les classes populaires à la périphérie de la ville. La fête devient un instrument de développement économique et une manifestation de prestige avec les expositions universelles de 1855 et 1867.

Le nouvel opéra Garnier accueille la musique légère et ironique d'Offenbach. Les comédies de Labiche amusent les bourgeois qui rient de leur caricature. La peinture, dans les Salons, célèbre les peintres académiques. Ingres ou Winterhalter immortalisent la bourgeoisie et l'aristocratie triomphantes.

L'art contestataire

Si Balzac a été le grand romancier de la Restauration, Flaubert et Baudelaire marquent le second Empire. Victor Hugo, en exil dans les îles anglo-normandes, publie en 1853 *Les Châtiments*, véritable machine de guerre contre l'Empereur et son régime, puis en 1862 *Les Misérables* qui s'élève contre l'injustice sociale. Les peintres écartés du Salon officiel créent le « Salon des réprouvés » en 1863. Manet, Pissarro, Sisley, Claude Monet ou Auguste Renoir seront plus tard appelés « impressionnistes » et connaîtront la célébrité. ■

Victor Hugo s'élève contre l'injustice sociale.

1844 : Élection à l'Académie française
1845 : *Carmen*
1848 IIe RÉPUBLIQUE **1851**
1851 : Coup d'État de Louis Napoléon (2 décembre)
1852 SECOND EMPIRE (Napoléon III) **1870**
1853 : Mérimée est nommé sénateur
1862 : Victor Hugo, *Les Misérables*
1869 : *Lokis*
1870 : Mort de Mérimée
1870 : Défaite de Sedan

Qui sont les personnages ?

Carmen

Son nom signifie « chant magique » : elle est à la fois bohémienne, magicienne, contrebandière, amoureuse passionnée et volage.

Est-elle bourreau ou victime ?

Le narrateur

Jeune archéologue en voyage d'étude, il aime l'aventure et n'est pas insensible au charme de Carmen.

Saura-t-il lui résister ?

Don José

Sous-officier venu du Pays Basque, il renie ses engagements pour Carmen.

Jusqu'où ira-t-il, poussé par la passion et la jalousie ?

Le Dancaïre

C'est le chef des contrebandiers.

Prendra-t-il le parti de Don José contre les hommes de sa bande ?

Garcia le Borgne

Mari de Carmen, il réapparaît soudainement, à sa sortie de prison, et rejoint les contrebandiers.

Comment Don José va-t-il accepter son retour ?

Lucas

Ce picador est le nouvel amour de Carmen.

L'aime-t-elle pour son argent, pour son habit de lumière ou pour la cocarde qu'il lui offre ?

lire

Prosper Mérimée

Carmen

1845

texte intégral

L'Espagne de *Carmen*

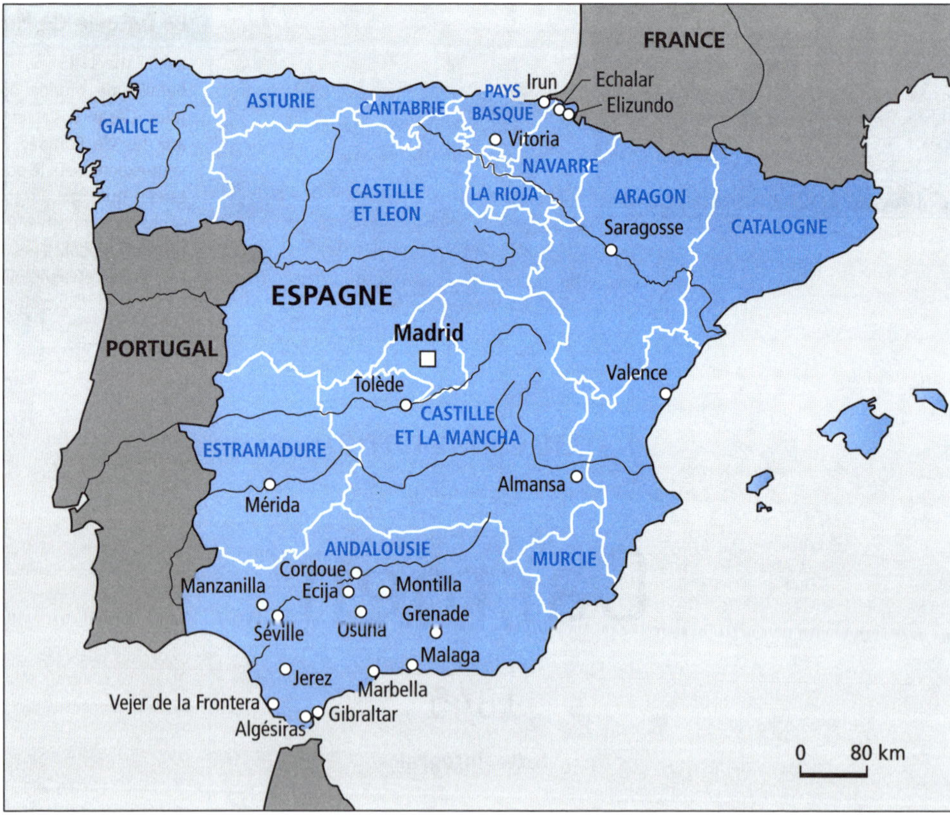

Πᾶσα γυνὴ χόλος ἐστίν᾽; ἔχει δἄγαθάς δύο ὥρας
τὴν μίαν ἐν θαλάμω. τὴν μίαν ἐν θανάτω.

PALLADAS[1]

Chapitre I

La bataille de Munda

Le 17 mars 45 av. J-C, la bataille de Munda oppose Jules César à Labienus et aux fils de Pompée. César veut exercer seul le pouvoir, tandis que ses adversaires souhaitent conserver les institutions républicaines. César remporta cette victoire qui lui permit d'accroître son pouvoir personnel. ■

I

J'AVAIS TOUJOURS SOUPÇONNÉ LES GÉOGRAPHES de ne savoir ce qu'ils disent lorsqu'ils placent le champ de bataille de Munda dans le pays des Bastuli-Pœni[2], près de la moderne Monda[3], à quelque deux lieues[4] au nord de Marbella. D'après mes propres conjectures[5] sur le texte de l'anonyme, auteur du *Bellum Hispaniense*[6], et quelques renseignements recueillis dans l'excellente bibliothèque du duc d'Osuna[7], je pensais qu'il fallait chercher aux environs de Montilla le lieu mémorable où, pour la dernière fois, César joua quitte ou double contre les champions de la république. Me trouvant en Andalousie au commencement de l'automne de 1830, je fis une assez longue excursion pour éclaircir les doutes qui me restaient encore. Un mémoire que je publierai prochainement ne laissera plus, je l'espère, aucune incertitude dans l'esprit de tous les archéologues de bonne foi. En attendant que ma dissertation[8] résolve enfin le problème géographique qui tient toute l'Europe savante en suspens, je veux vous raconter une petite histoire ; elle ne préjuge rien sur[9] l'intéressante question de l'emplacement de Munda.

1. « La femme est du poison. Mais elle a deux bonnes heures, l'une au lit, l'autre à la mort. » (Palladas, poète grec du Ve s.).
2. Peuple de l'Antiquité.
3. Voir carte, p. 14, pour tous les lieux cités.
4. 1 lieue ≈ 4 km.
5. Hypothèses.
6. Titre latin signifiant *La Guerre d'Espagne*.
7. Noble famille espagnole.
8. Mon ouvrage.
9. Elle ne considère pas comme résolu.

? A votre Avis

Le narrateur est-il :

- ❑ un éleveur de chevaux ?
- ❑ un historien et archéologue ?
- ❑ un simple touriste ?

J'avais loué à Cordoue un guide et deux chevaux, et m'étais mis en campagne avec les *Commentaires*[1] de César et quelques chemises pour tout bagage. Certain jour, errant dans la partie élevée de la plaine de Cachena[2], harassé de fatigue, mourant de soif, brûlé par un soleil de plomb, je donnais au diable[3] de bon cœur César et les fils de Pompée, lorsque j'aperçus, assez loin du sentier que je suivais, une petite pelouse verte parsemée de joncs et de roseaux. Cela m'annonçait le voisinage d'une source. En effet, en m'approchant, je vis que la prétendue pelouse était un marécage où se perdait un ruisseau, sortant, comme il semblait, d'une gorge[4] étroite entre deux hauts contreforts[5] de la sierra[6] de Cabra[7]. Je conclus qu'en remontant, je trouverais de l'eau plus fraîche, moins de sangsues[8] et de grenouilles, et peut-être un peu d'ombre au milieu des rochers. À l'entrée de la gorge, mon cheval hennit, et un autre cheval, que je ne voyais pas, lui répondait aussitôt. À peine eus-je fait une centaine de pas, que la gorge, s'élargissant tout à coup, me montra une espèce de cirque[9] naturel parfaitement ombragé par la hauteur des escarpements qui l'entouraient. Il était impossible de rencontrer un lieu qui promît au voyageur une halte plus agréable. Au pied de rochers à pic, la source s'élançait en bouillonnant, et tombait dans un petit bassin tapissé d'un sable blanc comme la neige. Cinq à six beaux chênes verts, toujours à l'abri du vent et rafraîchis par la source, s'élevaient sur ses bords, et la couvraient de leur épais ombrage ; enfin, autour du bassin, une herbe fine, lustrée[10], offrait un lit meilleur qu'on n'en eût trouvé dans aucune auberge à dix lieues à la ronde.

1. Récit des campagnes militaires de César.
2. Ou Carchena : sous-affluent du Guadalquivir.
3. J'envoyais promener.
4. Passage entre deux montagnes.
5. Sommets.
6. Chaîne de montagnes.
7. À 15 km au sud de Montilla.
8. Sortes de vers qui se nourrissent de sang.
9. Espace circulaire entouré de parois rocheuses abruptes.
10. Lisse et brillante.

À moi n'appartenait pas l'honneur d'avoir découvert un si beau lieu. Un homme s'y reposait déjà, et sans doute dormait, lorsque j'y pénétrai. Réveillé par les hennissements, il s'était levé, et s'était rapproché de son cheval, qui avait profité du sommeil de son maître pour faire un bon repas de l'herbe aux environs. C'était un jeune gaillard[11], de taille moyenne, mais d'apparence robuste, au regard sombre, et fier. Son teint, qui avait pu être beau, était devenu, par l'action du soleil, plus foncé que ses cheveux. D'une main il tenait le licol[12] de sa monture, de l'autre une espingole[13] de cuivre. J'avouerai que d'abord l'espingole et l'air farouche du porteur me surprirent quelque peu ; mais je ne croyais plus aux voleurs, à force d'en entendre parler et de n'en rencontrer jamais. D'ailleurs, j'avais vu tant d'honnêtes fermiers s'armer jusqu'aux dents pour aller au marché, que la vue d'une arme à feu ne m'autorisait pas à mettre en doute la moralité de l'inconnu. – Et puis, me disais-je, que ferait-il de mes chemises et de mes *Commentaires* Elzévir[14] ? Je saluai donc l'homme à l'espingole d'un signe de tête familier, et je lui demandai en souriant si j'avais troublé son sommeil. Sans me répondre, il me toisa[15] de la tête aux pieds ; puis, comme satisfait de son examen, il considéra avec la même attention mon guide, qui s'avançait. Je vis celui-ci pâlir et s'arrêter en montrant une terreur évidente. Mauvaise rencontre ! me dis-je. Mais la prudence me conseilla aussitôt de ne laisser voir aucune inquiétude. Je mis pied à terre ; je dis au guide de débrider[16], et, m'agenouillant au bord de la source, j'y plongeai ma tête et mes mains ; puis je bus une bonne gorgée, couché à plat ventre, comme les mauvais soldats de Gédéon[17].

11. Homme plein de vigueur.
12. Pièce du harnais que l'on passe autour du cou du cheval pour l'attacher ou le mener.
13. Un fusil à canon évasé.
14. Volumes de petit format.
15. Regarda avec défi.
16. D'ôter la bride du cheval.
17. Personnage biblique qui fut abandonné, avant la bataille, par 22 000 de ses hommes, terrorisés.

J'observais cependant mon guide et l'inconnu. Le premier s'approchait bien à contrecœur ; l'autre semblait n'avoir pas de mauvais desseins[1] contre nous, car il avait rendu la liberté à son cheval, et son espingole, qu'il tenait d'abord horizontale, était maintenant dirigée vers la terre.

Ne croyant pas devoir me formaliser du peu de cas[2] qu'on avait paru faire de ma personne, je m'étendis sur l'herbe, et d'un air dégagé[3] je demandai à l'homme à l'espingole s'il n'avait pas un briquet sur lui. En même temps je tirais mon étui à cigares. L'inconnu, toujours sans parler, fouilla dans sa poche, prit son briquet, et s'empressa de me faire du feu. Évidemment il s'humanisait ; car il s'assit en face de moi, toutefois sans quitter son arme. Mon cigare allumé, je choisis le meilleur de ceux qui me restaient, et je lui demandai s'il fumait.

« Oui, monsieur », répondit-il. C'étaient les premiers mots qu'il faisait entendre, et je remarquai qu'il ne prononçait pas l'*s* à la manière andalouse, d'où je conclus que c'était un voyageur comme moi, moins archéologue seulement.

« Vous trouverez celui-ci assez bon », lui dis-je en lui présentant un véritable régalia[4] de la Havane[5].

Il me fit une légère inclination de tête, alluma son cigare au mien, me remercia d'un autre signe de tête, puis se mit à fumer avec l'apparence d'un très vif plaisir.

« Ah ! s'écria-t-il en laissant échapper lentement sa première bouffée par la bouche et les narines, comme il y avait longtemps que je n'avais fumé ! »

1. De mauvaises intentions.
2. D'intérêt.
3. Décontracté.
4. Cigare de qualité supérieure.
5. Capitale de Cuba, célèbre pour ses cigares.

En Espagne, un cigare donné et reçu établit des relations d'hospitalité, comme en Orient le partage du pain et du sel. Mon homme se montra plus causant que je ne l'avais espéré. D'ailleurs, bien qu'il se dît habitant du partido[6] de Montilla, il paraissait connaître le pays assez mal. Il ne savait pas le nom de la charmante vallée où nous nous trouvions ; il ne pouvait nommer aucun village des alentours ; enfin, interrogé par moi s'il n'avait pas vu aux environs des murs détruits, de larges tuiles à rebords, des pierres sculptées, il confessa qu'il n'avait jamais fait attention à pareilles choses. En revanche, il se montra expert en matière de chevaux. Il critiqua le mien, ce qui n'était pas difficile ; puis il me fit la généalogie du sien, qui sortait du fameux haras[7] de Cordoue : noble animal, en effet, si dur à la fatigue, à ce que prétendait son maître, qu'il avait fait une fois trente lieues dans un jour, au galop ou au grand trot. Au milieu de sa tirade, l'inconnu s'arrêta brusquement, comme surpris et fâché d'en avoir trop dit. « C'est que j'étais très pressé d'aller à Cordoue, reprit-il avec quelque embarras. J'avais à solliciter les juges pour un procès... » En parlant, il regardait mon guide Antonio, qui baissait les yeux.

L'ombre et la source me charmèrent tellement, que je me souvins de quelques tranches d'excellent jambon que mes amis de Montilla avaient mis dans la besace[8] de mon guide. Je les fis apporter, et j'invitai l'étranger à prendre sa part de la collation impromptue[9]. S'il n'avait pas fumé depuis longtemps, il me parut vraisemblable qu'il n'avait pas mangé depuis quarante-huit heures au moins. Il dévorait comme un loup affamé. Je pensai que ma

Chevaux andalous

Les chevaux andalous ont été les montures des princes et des écuyers de toute l'Europe. Ils ont accompagné les Conquistadors en Amérique. Au XVIIe siècle, le roi Philippe II créa les écuries royales de Cordoue pour protéger et promouvoir cette race de chevaux, à la fois élégants et résistants. ■

6. De l'arrondissement (division administrative).
7. Lieu où l'on sélectionne et élève les meilleures races de chevaux.
8. Le sac de voyage.
9. Du petit repas improvisé.

rencontre avait été providentielle[1] pour le pauvre diable. Mon guide, cependant, mangeait peu, buvait encore moins, et ne parlait pas du tout, bien que depuis le commencement de notre voyage il se fût révélé à moi comme un bavard sans pareil. La présence de notre hôte semblait le gêner, et une certaine méfiance les éloignait l'un de l'autre sans que j'en devinasse positivement la cause.

Déjà les dernières miettes du pain et du jambon avaient disparu ; nous avions fumé chacun un second cigare ; j'ordonnai au guide de brider nos chevaux, et j'allais prendre congé de mon nouvel ami, lorsqu'il me demanda où je comptais passer la nuit.

Avant que j'eusse fait attention à un signe de mon guide, j'avais répondu que j'allais à la venta del Cuervo[2].

« Mauvais gîte pour une personne comme vous, monsieur… J'y vais, et, si vous me permettez de vous accompagner, nous ferons route ensemble.

– Très volontiers », dis-je en montant à cheval. Mon guide, qui me tenait l'étrier, me fit un nouveau signe des yeux. J'y répondis en haussant les épaules, comme pour l'assurer que j'étais parfaitement tranquille, et nous nous mîmes en chemin.

Les signes mystérieux d'Antonio, son inquiétude, quelques mots échappés à l'inconnu, surtout sa course de trente lieues et l'explication peu plausible[3] qu'il en avait donnée, avaient déjà formé mon opinion sur le compte de mon compagnon de voyage. Je ne doutai pas que je n'eusse affaire à un contrebandier, peut-être à un voleur ; que m'importait ? Je connaissais assez le caractère espagnol pour être très sûr de n'avoir rien à craindre d'un

1. Une chance.
2. « L'auberge du Corbeau ».
3. Peu convaincante.

homme qui avait mangé et fumé avec moi. Sa présence même était une protection assurée contre toute mauvaise rencontre. D'ailleurs, j'étais bien aise de savoir ce que c'est qu'un brigand. On n'en voit pas tous les jours, et il y a un certain charme à se trouver auprès d'un être dangereux, surtout lorsqu'on le sent doux et apprivoisé.

J'espérais amener par degrés l'inconnu à me faire des confidences, et, malgré les clignements d'yeux de mon guide, je mis la conversation sur les voleurs de grand chemin. Bien entendu que j'en parlai avec respect. Il y avait alors en Andalousie un fameux bandit nommé José-Maria, dont les exploits étaient dans toutes les bouches. « Si j'étais à côté de José-Maria ? » me disais-je… Je racontai les histoires que je savais de ce héros, toutes à sa louange d'ailleurs, et j'exprimai hautement mon admiration pour sa bravoure et sa générosité.

« José-Maria n'est qu'un drôle[4] », dit froidement l'étranger.

« Se rend-il justice, ou bien est-ce excès de modestie de sa part ? » me demandai-je mentalement ; car, à force de considérer mon compagnon, j'étais parvenu à lui appliquer le signalement de José-Maria, que j'avais lu affiché aux portes de mainte[5] ville d'Andalousie. « Oui, c'est bien lui… Cheveux blonds, yeux bleus, grande bouche, belles dents, les mains petites ; une chemise fine, une veste de velours à boutons d'argent, des guêtres[6] de peau blanche, un cheval bai[7]… Plus de doute ! Mais respectons son incognito[8]. »

Nous arrivâmes à la venta. Elle était telle qu'il me l'avait dépeinte, c'est-à-dire une des plus misérables que

4. Coquin.
5. D'un grand nombre de.
6. Sortes de jambières en cuir que portaient les cavaliers.
7. D'un brun rouge.
8. Anonymat.

j'eusse encore rencontrées. Une grande pièce servait de cuisine, de salle à manger et de chambre à coucher. Sur une pierre plate, le feu se faisait au milieu de la chambre, et la fumée sortait par un trou pratiqué dans le toit, ou plutôt s'arrêtait, formant un nuage à quelques pied au-dessus du sol. Le long du mur, on voyait étendues par terre cinq ou six vieilles couvertures de mulets ; c'étaient les lits des voyageurs. À vingt pas de la maison, ou plutôt de l'unique pièce que je viens de décrire, s'élevait une espèce de hangar servant d'écurie. Dans ce charmant séjour, il n'y avait d'autres êtres humains, du moins pour le moment, qu'une vieille femme et une petite fille de dix à douze ans, toutes les deux de couleur de suie et vêtues d'horribles haillons[1]. « Voilà tout ce qui reste, me dis-je, de la population de l'antique Munda Bœtica[2]! Ô César ! Ô Sextus Pompée[3]! que vous seriez surpris si vous reveniez au monde ! »

En apercevant mon compagnon, la vieille laissa échapper une exclamation de surprise. « Ah ! seigneur don José » s'écria-t-elle.

Don José fronça le sourcil, et leva une main d'un geste d'autorité qui arrêta la vieille aussitôt. Je me tournai vers mon guide, et, d'un signe imperceptible, je lui fis comprendre qu'il n'avait rien à m'apprendre sur le compte de l'homme avec qui j'allais passer la nuit. Le souper fut meilleur que je ne m'y attendais. On nous servit, sur une petite table haute d'un pied[4], un vieux coq fricassé avec du riz et force[5] piments, puis des piments à l'huile, enfin du *gaspacho*[6], espèce de salade de piments. Trois plats ainsi épicés nous obligèrent de recourir souvent à une

? A votre Avis

José Maria et José Navarro sont-ils une seule et même personne ?

- ❑ oui.
- ❑ non.

1. Vêtements usés.
2. Dans l'Antiquité, Munda était située en Bétique, région du sud de l'Espagne qui correspond à peu près à l'Andalousie actuelle.
3. Fils du « grand Pompée », rival de César.
4. Environ 35 cm.
5. Beaucoup de.
6. Soupe froide à base de tomates.

outre de vin de Montilla qui se trouva délicieux. Après avoir mangé, avisant une mandoline[7] accrochée contre la muraille, il y a partout des mandolines en Espagne, je demandai à la petite fille qui nous servait si elle savait en jouer.

« Non, répondit-elle ; mais don José en joue si bien !

– Soyez assez bon, lui dis-je, pour me chanter quelque chose ; j'aime à la passion votre musique nationale.

– Je ne puis rien refuser à un monsieur si honnête, qui me donne de si excellents cigares », s'écria don José d'un air de bonne humeur ; et, s'étant fait donner la mandoline, il chanta en s'accompagnant. Sa voix était rude, mais pourtant agréable, l'air mélancolique et bizarre ; quant aux paroles, je n'en compris pas un mot.

« Si je ne me trompe, lui dis-je, ce n'est pas un air espagnol que vous venez de chanter. Cela ressemble aux *zorzicos*[8] que j'ai entendus dans les *Provinces*[9], et les paroles doivent être en langue basque.

– Oui », répondit don José d'un air sombre. Il posa la mandoline à terre, et, les bras croisés, il se mit à contempler le feu qui s'éteignait, avec une singulière expression de tristesse. Éclairée par une lampe posée sur la petite table, sa figure, à la fois noble et farouche, me rappelait le Satan de Milton. Comme lui peut-être, mon compagnon songeait au séjour qu'il avait quitté, à l'exil qu'il avait encouru par une faute. J'essayai de ranimer la conversation, mais il ne répondit pas, absorbé qu'il était dans ses tristes pensées. Déjà la vieille s'était couchée dans un coin de la salle, à l'abri d'une couverture trouée tendue sur une corde. La petite fille l'avait suivie dans cette retraite

Milton

Ce poète anglais (1608-1674) écrivit en 1667 *Le Paradis perdu*, poème biblique en douze chants dont le héros est Satan, ange révolté et chassé du Paradis. ■

7. Instrument de musique à cordes.

8. Chants qui accompagnent les danses populaires basques.

9. Au pays basque.

réservée au beau sexe. Mon guide alors, se levant, m'invita à le suivre à l'écurie ; mais, à ce mot, don José, comme réveillé en sursaut, lui demanda d'un ton brusque où il allait.

« À l'écurie, répondit le guide.

– Pour quoi faire ? les chevaux ont à manger. Couche ici, monsieur le permettra.

– Je crains que le cheval de monsieur ne soit malade ; je voudrais que monsieur le vît : peut-être saura-t-il ce qu'il faut lui faire. »

Il était évident qu'Antonio voulait me parler en particulier ; mais je ne souciais pas de donner des soupçons à don José, et, au point où nous en étions, il me semblait que le meilleur parti à prendre était de montrer la plus grande confiance. Je répondis donc à Antonio que je n'entendais rien[1] aux chevaux, et que j'avais envie de dormir. Don José le suivit à l'écurie, d'où bientôt il revint seul. Il me dit que le cheval n'avait rien, mais que mon guide le trouvait un animal si précieux, qu'il le frottait avec sa veste pour le faire transpirer, et qu'il comptait passer la nuit dans cette douce occupation. Cependant, je m'étais étendu sur les couvertures de mulets, soigneusement enveloppé dans mon manteau, pour ne pas les toucher. Après m'avoir demandé pardon de la liberté qu'il prenait de se mettre auprès de moi, dont José se coucha devant la porte, non sans avoir renouvelé l'amorce[2] de son espingole, qu'il eut soin de placer sous la besace qui lui servait d'oreiller. Cinq minutes après nous être mutuellement souhaité le bonsoir, nous étions l'un et l'autre profondément endormis.

1. Ne connaissais rien.
2. Dispositif de mise à feu de la poudre dans le fusil.

Je me croyais assez fatigué pour pouvoir dormir dans un pareil gîte ; mais, au bout d'une heure, de très désagréables démangeaisons m'arrachèrent à mon premier somme. Dès que j'en eus compris la nature, je me levai, persuadé qu'il valait mieux passer le reste de la nuit à la belle étoile que sous ce toit inhospitalier. Marchant sur la pointe du pied, je gagnai la porte, j'enjambai par-dessus la couche de don José, qui dormait du sommeil du juste, et je fis si bien que je sortis de la maison sans qu'il s'éveillât. Auprès de la porte était un large banc de bois ; je m'étendis dessus, et m'arrangeai de mon mieux pour achever ma nuit. J'allais fermer les yeux pour la seconde fois, quand il me sembla voir passer devant moi l'ombre d'un homme et l'ombre d'un cheval, marchant l'un et l'autre sans faire le moindre bruit. Je me mis sur mon séant[3], et je crus reconnaître Antonio. Surpris de le voir hors de l'écurie à pareille heure, je me levai et marchai à sa rencontre. Il s'était arrêté, m'ayant aperçu d'abord.

« Où est-il ? me demanda Antonio à voix basse.

– Dans la venta ; il dort ; il n'a pas peur des punaises. Pourquoi donc emmenez-vous ce cheval ? »

Je remarquai alors que, pour ne pas faire de bruit en sortant du hangar, Antonio avait soigneusement enveloppé les pieds de l'animal avec les débris d'une vieille couverture.

« Parlez plus bas, me dit Antonio, au nom de Dieu ! Vous ne savez pas qui est cet homme-là. C'est José Navarro, le plus insigne[4] bandit de l'Andalousie. Toute la journée je vous ai fait des signes que vous n'avez pas voulu comprendre.

3. Je m'assis.
4. Célèbre.

– Bandit ou non, que m'importe ? répondis-je ; il ne nous a pas volés, et je parierais qu'il n'en a pas envie.

– À la bonne heure ; mais il y a deux cents ducats[1] pour qui le livrera. Je sais un poste de lanciers[2] à une lieue et demie d'ici, et avant qu'il soit jour, j'amènerai quelques gaillards solides. J'aurais pris son cheval, mais il est si méchant que nul que le Navarro ne peut en approcher.

– Que le diable vous emporte ! lui dis-je. Quel mal vous a fait ce pauvre homme pour le dénoncer ? D'ailleurs, êtes-vous sûr qu'il soit le brigand que vous dites ?

– Parfaitement sûr ; tout à l'heure il m'a suivi dans l'écurie et m'a dit : « Tu as l'air de me connaître ; si tu dis à ce bon monsieur qui je suis, je te fais sauter la cervelle. » Restez, monsieur, restez auprès de lui ; vous n'avez rien à craindre. Tant qu'il vous saura là, il ne se méfiera de rien. »

Tout en parlant, nous nous étions déjà assez éloignés de la venta pour qu'on ne pût entendre les fers du cheval. Antonio l'avait débarrassé en un clin d'œil des guenilles dont il lui avait enveloppé les pieds ; il se préparait à enfourcher sa monture. J'essayai prières et menaces pour le retenir.

« Je suis un pauvre diable, monsieur, me disait-il ; deux cents ducats ne sont pas à perdre, surtout quand il s'agit de délivrer le pays de pareille vermine[3]. Mais prenez garde : si le Navarro se réveille, il sautera sur son espingole, et gare à vous ! Moi, je suis trop avancé pour reculer ; arrangez-vous comme vous pourrez. »

Le drôle était en selle ; il piqua des deux[4], et dans l'obscurité je l'eus bientôt perdu de vue.

1. Ancienne monnaie d'or.
2. Soldats appartenant à la cavalerie.
3. Canaille.
4. Avec les deux éperons.

Carmen et don José, illustration d'Alexandre Lunois, 1901.

? A votre Avis

Pourquoi le narrateur est-il inquiet ?

- ❑ Il a peur du bandit.
- ❑ Il ne veut pas que celui-ci soit arrêté.
- ❑ Il a peur de dormir dans un lit infesté de punaises.

J'étais fort irrité contre mon guide et passablement[1] inquiet. Après un instant de réflexion, je me décidai et rentrai dans la venta. Don José dormait encore, réparant sans doute en ce moment les fatigues et les veilles de plusieurs journées aventureuses. Je fus obligé de le secouer rudement pour l'éveiller. Jamais je n'oublierai son regard farouche[2] et le mouvement qu'il fit pour saisir son espingole, que, par mesure de précaution, j'avais mise à quelque distance de sa couche.

« Monsieur, lui dis-je, je vous demande pardon de vous éveiller ; mais j'ai une sotte question à vous faire : seriez-vous bien aise[3] de voir arriver ici une demi-douzaine de lanciers ? »

Il sauta en pieds[4], et d'une voix terrible :

« Qui vous l'a dit ? me demanda-t-il.

– Peu importe d'où vient l'avis, pourvu qu'il soit bon.

– Votre guide m'a trahi, mais il me le payera ! Où est-il ?

– Je ne sais… Dans l'écurie, je pense… mais quelqu'un m'a dit…

– Qui vous a dit ?… Ce ne peut être la vieille…

– Quelqu'un que je ne connais pas… Sans plus de paroles, avez-vous, oui ou non, des motifs pour ne pas attendre les soldats ? Si vous en avez, ne perdez pas de temps, sinon bonsoir, et je vous demande pardon d'avoir interrompu votre sommeil.

– Ah ! votre guide ! votre guide ! Je m'en étais méfié d'abord… mais… son compte est bon !… Adieu, monsieur. Dieu vous rende le service que je vous dois. Je ne suis pas tout à fait aussi mauvais que vous me croyez… oui, il y a encore en moi quelque chose qui mérite la pitié d'un

1. Assez.
2. Sauvage.
3. Heureux.
4. Se mit debout d'un bond.

galant[5] homme… Adieu, monsieur… Je n'ai qu'un regret, c'est de ne pouvoir m'acquitter[6] envers vous.

– Pour prix du service que je vous ai rendu, promettez-moi, don José, de ne soupçonner personne, de ne pas songer à la vengeance. Tenez, voilà des cigares pour votre route ; bon voyage ! » Et je lui tendis la main.

Il me la serra sans répondre, prit son espingole et sa besace, et, après avoir dit quelques mots à la vieille dans un argot que je ne pus comprendre, il courut au hangar. Quelques instants après, je l'entendais galoper dans la campagne.

Pour moi, je me recouchai sur mon banc, mais je ne me rendormis point. Je me demandais si j'avais eu raison de sauver de la potence[7] un voleur, et peut-être un meurtrier, et cela seulement parce que j'avais mangé du jambon avec lui et du riz à la valencienne. N'avais-je pas trahi mon guide qui soutenait la cause des lois ; ne l'avais-je pas exposé à la vengeance d'un scélérat[8] ? Mais les devoirs de l'hospitalité !… Préjugé de sauvage, me disais-je ; j'aurais à répondre de tous les crimes que le bandit va commettre… Pourtant est-ce un préjugé que cet instinct de conscience qui résiste à tous les raisonnements ? Peut-être, dans la situation délicate où je me trouvais, ne pouvais-je m'en tirer sans remords. Je flottais encore dans la plus grande incertitude au sujet de la moralité de mon action, lorsque je vis paraître une demi-douzaine de cavaliers avec Antonio, qui se tenait prudemment à l'arrière-garde. J'allai au-devant d'eux, et les prévins que le bandit avait pris la fuite depuis plus de deux heures. La vieille, interrogée par le brigadier, répondit qu'elle

5. Distingué.
6. Payer ma dette.
7. Pendaison.
8. Criminel.

connaissait le Navarro, mais que, vivant seule, elle n'aurait jamais osé risquer sa vie en le dénonçant. Elle ajouta que son habitude, lorsqu'il venait chez elle, était de partir toujours au milieu de la nuit. Pour moi, il me fallut aller, à quelques lieues de là, exhiber[1] mon passeport et signer une déclaration devant un alcade[2], après quoi on me permit de reprendre mes recherches archéologiques. Antonio me gardait rancune, soupçonnant que c'était moi qui l'avais empêché de gagner les deux cents ducats. Pourtant nous nous séparâmes bons amis à Cordoue ; là, je lui donnai une gratification[3] aussi forte que l'état de mes finances pouvait me le permettre.

1. Montrer.
2. Juge et policier.
3. Un pourboire.

pause lecture 1

Une étrange rencontre

▶ Chapitre I

La mise en place du récit

1 Quand et où l'histoire commence-t-elle ?

2 Qui le narrateur rencontre-t-il ? Pourquoi est-il inquiet à la fin du chapitre I ? VOIR **?** PAGE 28

Les lieux

3 Quels sont les éléments qui composent la description du lieu de la halte (l. 38 à 52) ? Quel est l'effet produit ? S'agit-il d'une description subjective ou objective ? Justifiez votre réponse.

4 Dans la description de la *venta*, comment expliquez-vous l'expression « charmant séjour » (l. 210-211) ?

La conduite du récit

5 À la fin du premier paragraphe, comment le narrateur qualifie-t-il son récit ? À qui l'adresse-t-il ?

6 Quelles sont les trois péripéties racontées dans le chapitre I ?

7 Comment la couleur locale espagnole est-elle mise en valeur (lieux, vocabulaire...) ?

8 Quelle promesse le narrateur exige-t-il de Don José avant leur séparation à la fin du chapitre ? Pour quelle raison, à votre avis ?

Le narrateur, un personnage aux multiples facettes

1 Qui est le narrateur ? VOIR ? PAGE 16

Un grand voyageur et un aventurier

2 Montrez que le narrateur est habitué aux voyages ? En particulier, comment se comporte-t-il avec les gens qu'il rencontre ?

3 De quelle qualité fait-il preuve en découvrant l'inconnu et son espingole ? Relevez quelques expressions caractéristiques (l. 51 à 107).

Un savant et un homme plein d'imagination

4 Pour quelle raison le narrateur voyage-t-il en Espagne ? À quels domaines du savoir s'intéresse-t-il ?

5 À quel moment se laisse-t-il égarer par son imagination ? Comparez les lignes 56 à 59 et 190 à 198.

Un homme en proie au doute

6 Comment est exprimée l'incertitude intérieure du narrateur dans le dernier paragraphe (construction des phrases, types de phrases, ponctuation, vocabulaire) ? À quoi est-elle due ?

Un mystérieux inconnu

1 Quelle est la véritable identité de l'inconnu ? VOIR ? PAGE 22

Une découverte progressive

2 Par qui le lecteur apprend-il son nom ?

3 Relevez les termes qui désignent l'homme (l. 151 à 152). Comment le regard que porte sur lui le narrateur évolue-t-il peu à peu ?

4 Quelles révélations successives sont faites au narrateur et au lecteur sur le passé de cet homme ?

Un personnage inquiétant

5 Quels indices de la méfiance et de la violence du personnage apparaissent dans le texte ? Pourquoi le narrateur n'en tient-il pas compte ?

6 Pourquoi est-il comparé au « Satan » de Milton (l. 254) ?

7 Relisez les lignes 378 à 382. Indiquez le temps et le mode du verbe « rende » et justifiez son emploi. À quel champ lexical appartiennent des mots comme « devoir, mauvais, mériter, pitié, regret, acquitter » ? À l'aide de ces remarques, définissez la relation qui s'est établie entre le narrateur et don José.

Du texte à l'image

Observez le tableau → voir dossier images p. I

Manuel Barron y Carrillo, *La Grotte du chat*, 1860.

1 Combien de plans distingue-t-on dans ce tableau ? Comment peut-on qualifier ce paysage ? Justifiez votre réponse.

2 Observez et décrivez les attitudes des différents personnages au premier plan. Qui sont-ils ? Que font-ils ?

3 À quel passage du chapitre I ce tableau vous fait-il penser ? Pourquoi ?

À vous de jouer

Faites des recherches

Préparez un exposé pour présenter à vos camarades la bataille de Munda : ses causes, les protagonistes, son déroulement, ses conséquences.

Écrivez un récit

Comme le narrateur, il vous est arrivé de rencontrer un(e) inconnu(e) qui vous a intrigué(e) et intéressé(e). Racontez en quelle circonstance et faites part de vos interrogations sur cette personne et de vos sentiments.

II

Je passai quelques jours à Cordoue. On m'avait indiqué certain manuscrit de la bibliothèque des Dominicains, où je devais trouver des renseignements intéressants sur l'antique Munda. Fort bien accueilli par les bons Pères, je passais les journées dans leur couvent, et le soir je me promenais par la ville. À Cordoue, vers le coucher du soleil, il y a quantité d'oisifs[1] sur le quai qui borde la rive droite du Guadalquivir. Là, on respire les émanations[2] d'une tannerie qui conserve encore l'antique renommée du pays pour la préparation des cuirs ; mais, en revanche, on y jouit d'un spectacle qui a bien son mérite. Quelques minutes avant l'*angélus*[3], un grand nombre de femmes se rassemblent sur le bord du fleuve, au bas du quai, lequel est assez élevé. Pas un homme n'oserait se mêler à cette troupe. Aussitôt que l'*angélus* sonne, il est censé qu'il[4] fait nuit. Au dernier coup de cloche, toutes ces femmes se déshabillent et entrent dans l'eau. Alors ce sont des cris, des rires, un tapage infernal. Du haut du quai, les hommes contemplent les baigneuses, écarquillent les yeux et ne voient pas grand chose. Cependant ces formes blanches et incertaines qui se dessinent sur le sombre azur du fleuve, font travailler les esprits poétiques, et, avec un peu d'imagination, il n'est pas difficile de se représenter Diane et ses nymphes au bain, sans avoir à craindre le sort d'Actéon. – On m'a dit que quelques mauvais garnements se cotisèrent certain jour, pour graisser la patte[5] au sonneur de la cathédrale et lui faire sonner l'*angélus* vingt minutes

Actéon

Le chasseur Actéon ayant surpris Diane au bain dans la forêt est transformé en cerf par la déesse irritée, et dévoré par les chiens de sa meute. Cette histoire est racontée par Ovide dans les *Métamorphoses* (livre III). ■

1. Beaucoup de personnes sans occupation précise.
2. Odeurs.
3. La sonnerie des cloches à 6h, midi et 18h.
4. On considère qu'il.
5. Payer.

avant l'heure légale. Bien qu'il fît encore grand jour, les nymphes[1] du Guadalquivir n'hésitèrent pas, et se fiant plus à [2] l'*angélus* qu'au soleil, elles firent en sûreté de conscience leur toilette de bain, qui est toujours des plus simples. Je n'y étais pas. De mon temps, le sonneur était incorruptible, le crépuscule peu clair, et un chat seulement aurait pu distinguer la plus vieille marchande d'oranges de la plus jolie grisette[3] de Cordoue.

Un soir, à l'heure où l'on ne voit plus rien, je fumais, appuyé sur le parapet[4] du quai, lorsqu'une femme, remontant l'escalier qui conduit à la rivière, vint s'asseoir près de moi. Elle avait dans les cheveux un gros bouquet de jasmin, dont les pétales exhalent[5] le soir une odeur enivrante. Elle était simplement, peut-être pauvrement vêtue, tout en noir, comme la plupart des grisettes dans la soirée. Les femmes comme il faut ne portent le noir que le matin ; le soir, elles s'habillent *a la francesa*[6]. En arrivant auprès de moi, ma baigneuse laissa glisser sur ses épaules la mantille[7] qui lui couvrait la tête, et, *à l'obscure clarté qui tombe des étoiles*[8], je vis qu'elle était petite, jeune, bien faite, et qu'elle avait de très grands yeux. Je jetai mon cigare aussitôt. Elle comprit cette attention d'une politesse toute française, et se hâta de me dire qu'elle aimait beaucoup l'odeur du tabac, et que même elle fumait, quand elle trouvait des *papelitos*[9] bien doux. Par bonheur, j'en avais de tels dans mon étui, et je m'empressai de lui en offrir. Elle daigna en prendre un, et l'alluma à un bout de corde enflammé qu'un enfant nous apporta moyennant un sou. Mêlant nos fumées, nous causâmes si longtemps, la belle baigneuse et moi, que nous nous trouvâmes presque

? A votre Avis

Quand le narrateur rencontre Carmen, elle est :

- ❑ à Séville ?
- ❑ à Cordoue ?
- ❑ à Tolède ?

1. Divinités antiques des eaux.
2. Ayant davantage confiance en.
3. Jeune ouvrière de mœurs légères.
4. Mur de protection.
5. Dégagent.
6. À la française.
7. Voile en dentelle, attaché par un peigne.
8. Citation du *Cid* (IV, 3) de Corneille (1637).
9. Petits cigares.

seuls sur le quai. Je crus n'être point indiscret en lui offrant d'aller prendre des glaces à la *neveria*[10]. Après une hésitation modeste elle accepta ; mais avant de se décider, elle désira savoir quelle heure il était. Je fis sonner ma montre, et cette sonnerie parut l'étonner beaucoup. « Quelles inventions on a chez vous, messieurs les étrangers ! De quel pays êtes-vous, monsieur ? Anglais sans doute ?

– Français et votre grand serviteur. Et vous mademoiselle, ou madame, vous êtes probablement de Cordoue ?

– Non.

– Vous êtes du moins andalouse. Il me semble le reconnaître à votre doux parler.

– Si vous remarquez si bien l'accent du monde, vous devez bien deviner qui je suis.

– Je crois que vous êtes du pays de Jésus, à deux pas du paradis.

(J'avais appris cette métaphore, qui désigne l'Andalousie, de mon ami Francisco Sevilla, picador[11] bien connu.)

– Bah ! Le paradis… les gens d'ici disent qu'il n'est pas fait pour nous.

– Alors, vous seriez donc Moresque[12], ou… je m'arrêtai, n'osant dire : juive.

– Allons, allons ! vous voyez bien que je suis bohémienne ; voulez-vous que je vous dise *la baji* [13] ? Avez-vous entendu parler de la Carmencita ? C'est moi. »

J'étais alors un tel mécréant[14], il y a de cela quinze ans, que je ne reculai pas d'horreur en me voyant à côté d'une sorcière. « Bon ! me dis-je ; la semaine passée, j'ai soupé

10. Note de Mérimée : « café pourvu d'une glacière ou plutôt d'un dépôt de neige » (pour rafraichir les boissons).

11. Cavalier qui, dans la corrida, fatigue et blesse le taureau avec une pique.

12. Arabe.

13. Note de Mérimée : « la bonne aventure ».

14. Incroyant.

avec un voleur de grands chemins, allons aujourd'hui prendre des glaces avec une servante du diable. En voyage il faut tout voir ». J'avais encore un autre motif pour cultiver sa connaissance. Sortant du collège, je l'avouerai à ma honte, j'avais perdu quelque temps à étudier les sciences occultes[1] et même plusieurs fois j'avais tenté de conjurer l'esprit de ténèbres[2]. Guéri depuis longtemps de la passion de semblables recherches, je n'en conservais pas moins un certain attrait de curiosité pour toutes les superstitions, et me faisais une fête d'apprendre jusqu'où s'était élevé l'art de la magie parmi les Bohémiens.

Tout en causant, nous étions entrés dans la *neveria*, et nous étions assis à une petite table éclairée par une bougie renfermée dans un globe de verre. J'eus alors tout le loisir d'examiner ma *gitana* pendant que quelques honnêtes gens s'ébahissaient[3], en prenant leurs glaces, de me voir en si bonne compagnie.

Je doute fort que Mlle Carmen fût de race pure, du moins elle était infiniment plus jolie que toutes les femmes de sa nation que j'aie jamais rencontrées. Pour qu'une femme soit belle, il faut, disent les Espagnols, qu'elle réunisse trente *si*, ou, si l'on veut, qu'on puisse la définir au moyen de dix adjectifs applicables chacun à trois parties de sa personne. Par exemple, elle doit avoir trois choses noires : les yeux, les paupières et les sourcils ; trois fines, les doigts, les lèvres, les cheveux, etc. Voyez Brantôme[4] pour le reste. Ma bohémienne ne pouvait prétendre à tant de perfections. Sa peau, d'ailleurs parfaitement unie, approchait fort de la teinte du cuivre. Ses yeux étaient obliques, mais admirablement fendus ; ses lèvres un peu

1. La magie.
2. Le diable.
3. S'étonnaient.
4. Écrivain et homme de cour (1538-1614) qui a écrit *La Vie des dames illustres* et *La Vie des dames galantes* où il célèbre l'amour et la beauté.

fortes, mais bien dessinées et laissant voir des dents plus blanches que des amandes sans leur peau. Ses cheveux, peut-être un peu gros, étaient noirs, à reflets bleus comme l'aile d'un corbeau, longs et luisants. Pour ne pas vous fatiguer d'une description trop prolixe[5], je vous dirai en somme qu'à chaque défaut elle réunissait une qualité qui ressortait peut-être plus fortement par le contraste. C'était une beauté étrange et sauvage, une figure qui étonnait d'abord, mais qu'on ne pouvait oublier. Ses yeux surtout avaient une expression à la fois voluptueuse[6] et farouche que je n'ai trouvée depuis à aucun regard humain. Œil de bohémien, œil de loup, c'est un dicton espagnol qui dénote une bonne observation. Si vous n'avez pas le temps d'aller au Jardin des plantes pour étudier le regard d'un loup, considérez votre chat quand il guette un moineau.

On sent qu'il eût été ridicule de se faire tirer la bonne aventure dans un café. Aussi je priai la jolie sorcière de me permettre de l'accompagner à son domicile ; elle y consentit sans difficulté, mais elle voulut connaître encore la marche du temps, et me pria de nouveau de faire sonner ma montre.

« Est-elle vraiment d'or ? » dit-elle en la considérant avec une excessive attention.

Quand nous nous remîmes en marche, il était nuit close ; la plupart des boutiques étaient fermées et les rues presque désertes. Nous passâmes le pont du Guadalquivir, et à l'extrémité du faubourg nous nous arrêtâmes devant une maison qui n'avait nullement l'apparence d'un palais. Un enfant nous ouvrit. La bohémienne lui dit quelques mots dans une langue à moi inconnue, que je sus

5. Longue.
6. Sensuelle.

depuis être la *romani* ou *chipe calli*, l'idiome[1] des gitanos. Aussitôt l'enfant disparut, nous laissant dans une chambre assez vaste, meublée d'une petite table, de deux tabourets et d'un coffre. Je ne dois point oublier une jarre d'eau, un tas d'oranges et une botte d'oignons.

Dès que nous fûmes seuls, la bohémienne tira de son coffre des cartes qui paraissaient avoir beaucoup servi, un aimant, un caméléon desséché, et quelques autres objets nécessaires à son art. Puis elle me dit de faire la croix dans ma main gauche avec une pièce de monnaie, et les cérémonies magiques commencèrent. Il est inutile de vous rapporter ses prédictions, et, quant à sa manière d'opérer, il était évident qu'elle n'était pas sorcière à demi.

Malheureusement nous fûmes bientôt dérangés. La porte s'ouvrit tout à coup avec violence, et un homme, enveloppé jusqu'aux yeux dans un manteau brun entra dans la chambre en apostrophant la bohémienne d'une façon peu gracieuse[2]. Je n'entendais pas ce qu'il disait, mais le ton de sa voix indiquait qu'il était de fort mauvaise humeur. À sa vue, la gitana ne montra ni surprise ni colère, mais elle accourut à sa rencontre, et, avec une volubilité[3] extraordinaire, lui adressa quelques phrases dans la langue mystérieuse dont elle s'était déjà servie devant moi. Le mot du *payllo*, souvent répété, était le seul mot que je comprisse. Je savais que les bohémiens désignent ainsi tout homme étranger à leur race. Supposant qu'il s'agissait de moi, je m'attendais à une explication délicate ; déjà j'avais la main sur le pied d'un des tabourets, et je syllogisais[4] à part moi pour deviner le moment précis où il conviendrait de le jeter à la tête de l'intrus. Celui-ci

1. Le dialecte.
2. Peu aimable.
3. Abondance de mots.
4. Raisonnais.

repoussa rudement la bohémienne, et s'avança vers moi ; puis reculant d'un pas :

« Ah ! Monsieur, dit-il, c'est vous ! »

Je le regardai à mon tour, et reconnus mon ami don José. En ce moment, je regrettais un peu de ne pas l'avoir laissé pendre.

« Eh ! c'est vous, mon brave ! m'écriai-je en riant le moins jaune[5] que je pus ; vous avez interrompu mademoiselle au moment où elle m'annonçait des choses bien intéressantes.

– Toujours la même ! Ça finira », dit-il entre ses dents, attachant sur elle un regard farouche.

Cependant la bohémienne continuait à lui parler dans sa langue. Elle s'animait par degrés. Son œil s'injectait de sang et devenait terrible, ses traits se contractaient, elle frappait du pied. Il me sembla qu'elle le pressait vivement de faire quelque chose à quoi il montrait de l'hésitation. Ce que c'était, je croyais ne le comprendre que trop à la voir passer et repasser rapidement sa petite main sous son menton. J'étais tenté de croire qu'il s'agissait d'une gorge à couper, et j'avais quelques soupçons que cette gorge ne fût la mienne.

À tout ce torrent d'éloquence, don José ne répondit que par deux ou trois mots prononcés d'un ton bref. Alors la bohémienne lui lança un regard de profond mépris ; puis, s'asseyant à la turque[6] dans un coin de la chambre, elle choisit une orange, la pela et se mit à la manger.

Don José me prit le bras, ouvrit la porte et me conduisit dans la rue. Nous fîmes environ deux cents pas[7] dans le plus profond silence. Puis, étendant la main :

5. De la façon la moins gênée.
6. Jambes croisées.
7. Environ 250 m.

« Toujours tout droit, dit-il, et vous trouverez le pont. »

Aussitôt il me tourna le dos et s'éloigna rapidement. Je revins à mon auberge un peu penaud[1] et d'assez mauvaise humeur. Le pire fut qu'en me déshabillant, je m'aperçus que ma montre me manquait.

Diverses considérations m'empêchèrent d'aller la réclamer le lendemain, ou de solliciter M. le corrégidor[2] pour qu'il voulût bien la faire chercher. Je terminai mon travail sur le manuscrit des Dominicains et je partis pour Séville. Après plusieurs mois de courses errantes en Andalousie, je voulus retourner à Madrid, et il me fallut repasser par Cordoue. Je n'avais pas l'intention d'y faire un long séjour, car j'avais pris en grippe cette belle ville et les baigneuses du Guadalquivir. Cependant quelques amis à revoir, quelques commissions à faire devaient me retenir au moins trois ou quatre jours dans l'antique capitale des princes musulmans.

Dès que je reparus au couvent de Dominicains, un des pères qui m'avait toujours montré un vif intérêt dans mes recherches sur l'emplacement de Munda, m'accueillit les bras ouverts, en s'écriant :

« Loué soit le nom de Dieu ! Soyez le bienvenu, mon cher ami. Nous vous croyions tous mort, et moi, qui vous parle, j'ai récité bien des *pater* et des *ave*[3], que je ne regrette pas, pour le salut de votre âme. Ainsi vous n'êtes pas assassiné, car pour volé nous savons que vous l'êtes ?

– Comment cela ? lui demandai-je un peu surpris.

– Oui, vous savez bien, cette belle montre à répétition que vous faisiez sonner dans la bibliothèque, quand nous

Les dominicains

Ordre religieux fondé par Saint Dominique au début du XIIIe siècle. Les activités principales de ces moines soucieux d'une vie simple et pauvre sont l'étude, la prière et les sermons. ■

1. Honteux de ma naïveté.
2. Magistrat.
3. Prières.

vous disions qu'il était temps d'aller au chœur[4]. Eh bien ! elle est retrouvée, on vous la rendra.

– C'est-à-dire, interrompis-je un peu décontenancé[5], que je l'avais égarée…

– Le coquin est sous les verrous, et, comme on savait qu'il était homme à tirer un coup de fusil à un chrétien pour lui prendre une piécette, nous mourions de peur qu'il ne vous eût tué. J'irai avec vous chez le corrégidor, et nous vous ferons rendre votre belle montre. Et puis, avisez-vous de dire là-bas que la justice ne sait pas son métier en Espagne !

– Je vous avoue, lui dis-je, que j'aimerais mieux perdre ma montre que de témoigner, en justice pour faire pendre un pauvre diable, surtout parce que… parce que…

– Oh ! n'ayez aucune inquiétude ; il est bien recommandé[6], et on ne peut le pendre deux fois. Quand je dis pendre, je me trompe. C'est un hidalgo[7] que votre voleur ; il sera donc *garrotté*[8] après demain sans rémission[9]. Vous voyez qu'un vol de plus ou de moins ne changera rien à son affaire. Plût à Dieu qu'il n'eût que volé ! Mais il a commis plusieurs meurtres, tous plus horribles les uns que les autres.

– Comment se nomme-t-il ?

– On le connaît dans le pays sous le nom de José Navarro ; mais il a encore un autre nom basque, que ni vous ni moi ne prononcerons jamais. Tenez, c'est un homme à voir, et vous qui aimez à connaître les singularités du pays, vous ne devez pas négliger d'apprendre comment en Espagne les coquins sortent de ce monde. Il est en chapelle[10], et le père Martinez vous y conduira. »

4. À l'église.
5. Embarrassé.
6. Son cas est grave.
7. Noble espagnol.
8. Étranglé à l'aide d'un anneau de fer.
9. Sans possibilité d'être gracié.
10. Les condamnés à mort, en Espagne, passaient trois jours dans la chapelle de la prison avec leur confesseur.

Mon Dominicain insista tellement pour que je visse les apprêts du « *petit pendement pien choli*[1] », que je ne pus m'en défendre. J'allai voir le prisonnier, muni d'un paquet de cigares qui, je l'espérais, devaient lui faire excuser mon indiscrétion.

On m'introduisit auprès de don José, au moment où il prenait son repas. Il me fit un signe de tête assez froid, et me remercia poliment du cadeau que je lui apportais. Après avoir compté les cigares du paquet que j'avais mis entre ses mains, il en choisit un certain nombre, et me rendit le reste, observant qu'il n'avait pas besoin d'en prendre davantage.

Je lui demandai si, avec un peu d'argent, ou par le crédit de mes amis, je pourrais obtenir quelque adoucissement à son sort. D'abord il haussa les épaules en souriant avec tristesse ; bientôt, se ravisant, il me pria de faire dire une messe pour le salut de son âme.

« Voudriez-vous, ajouta-t-il timidement, voudriez-vous en faire dire une autre pour une personne qui vous a offensé ?

– Assurément, mon cher, lui dis-je ; mais personne, que je sache, ne m'a offensé en ce pays. »

Il me prit la main et la serra d'un air grave. Après un moment de silence, il reprit :

« Oserai-je encore vous demander un service ?… Quand vous reviendrez dans votre pays, peut-être passerez-vous par la Navarre : au moins vous passerez par Vittoria, qui n'en est pas fort éloignée.

– Oui, lui dis-je, je passerai certainement par Vittoria ; mais il n'est pas impossible que je me détourne pour aller

? A votre Avis

Où a eu lieu la deuxième rencontre entre le narrateur et Don José ?

- ☐ À Séville, chez des amis.
- ☐ À Cordoue, dans une prison.
- ☐ À Cordoue, chez Carmen.

1. Citation de *Monsieur de Pourceaugnac*, comédie de Molière (III, 3), 1669.

à Pampelune, et, à cause de vous, je crois que je ferais volontiers ce détour.

– Eh bien ! si vous allez à Pampelune, vous y verrez plus d'une chose qui vous intéressera… C'est une belle ville… Je vous donnerai cette médaille (il me montrait une petite médaille d'argent qu'il portait au cou), vous l'envelopperez dans du papier… » il s'arrêta un instant pour maîtriser son émotion… « et vous la remettrez ou vous la ferez remettre à une bonne femme[2] dont je vous dirai l'adresse. – Vous direz que je suis mort, vous ne direz pas comment. »

Je promis d'exécuter sa commission. Je le revis le lendemain, et je passai une partie de la journée avec lui. C'est de sa bouche que j'ai appris les tristes aventures qu'on va lire.

2. Brave femme.

III

Je suis né, dit-il, à Elizondo, dans la vallée de Baztán[1]. Je m'appelle don José Lizarrabengoa, et vous connaissez assez l'Espagne, Monsieur, pour que mon nom vous dise aussitôt que je suis Basque et vieux chrétien[2]. Si je prends le *don*[3], c'est que j'en ai le droit, et si j'étais à Elizondo, je vous montrerais ma généalogie sur parchemin. On voulait que je fusse d'église[4], et l'on me fit étudier, mais je ne profitais guère. J'aimais trop à jouer à la paume[5], c'est ce qui m'a perdu. Quand nous jouons à la paume, nous autres Navarrais, nous oublions tout. Un jour que j'avais gagné, un gars de l'Alava[6] me chercha querelle ; nous prîmes nos *maquilas*[7], et j'eus encore l'avantage ; mais cela m'obligea de quitter le pays. Je rencontrai des dragons[8], et je m'engageai dans le régiment d'Almanza, cavalerie. Les gens de nos montagnes apprennent vite le métier militaire. Je devins bientôt brigadier, et on me promettait de me faire maréchal des logis, quand, pour mon malheur, on me mit de garde à la manufacture de tabacs à Séville. Si vous êtes allé à Séville, vous aurez vu ce grand bâtiment-là, hors des remparts, près du Guadalquivir. Il me semble en voir encore la porte et le corps de garde auprès. Quand ils sont de service, les Espagnols jouent aux cartes, ou dorment ; moi, comme un franc Navarrais, je tâchais toujours de m'occuper. Je faisais une chaîne avec du fil de laiton, pour tenir mon épinglette[9]. Tout d'un coup, les camarades disent : « Voilà la cloche qui sonne ; les filles vont rentrer à l'ouvrage. » Vous saurez, monsieur,

1. Cette riche vallée formait autrefois un petit état dont tous les membres étaient nobles.
2. Catholique.
3. Titre de noblesse en Espagne.
4. Sois prêtre.
5. Sorte de jeu de tennis.
6. Partie sud du pays basque.
7. Note de Mérimée : « bâton ferré des Basques ».
8. Soldats appartenant à la cavalerie.
9. Longue aiguille pour déboucher les armes à feu.

Gay Walter, *Les Cigarières de Séville*, huile sur toile (1,273 m × 1,85 m), 1894.

qu'il y a bien quatre à cinq cents femmes occupées dans la manufacture. Ce sont elles qui roulent les cigares dans une grande salle, où les hommes n'entrent pas sans une permission du *Vingt-quatre*[1], parce qu'elles se mettent à leur aise, les jeunes surtout, quand il fait chaud. À l'heure où les ouvrières rentrent, après leur dîner, bien des jeunes gens vont les voir passer, et leur en content de toutes les couleurs. Il y a peu de ces demoiselles qui refusent une mantille de taffetas[2], et les amateurs, à cette pêche-là, n'ont qu'à se baisser pour prendre le poisson. Pendant que les autres regardaient, moi, je restais sur mon banc, près de la porte. J'étais jeune alors ; je pensais toujours au pays, et je ne croyais pas qu'il y eût de jolies filles sans jupes bleues et sans nattes tombant sur les épaules[3]. D'ailleurs, les Andalouses me faisaient peur ; je n'étais pas encore fait[4] à leurs manières : toujours à railler[5], jamais un mot de raison. J'étais donc le nez sur ma chaîne, quand j'entends des bourgeois qui disaient : Voilà la gitanilla[6] ! Je levai les yeux, et je la vis. C'était un vendredi[7], et je ne l'oublierai jamais. Je vis cette Carmen que vous connaissez, chez qui je vous ai rencontré il y a quelques mois.

Elle avait un jupon rouge fort court qui laissait voir des bas de soie blancs avec plus d'un trou, et des souliers mignons de maroquin[8] rouge attachés avec des rubans couleur de feu. Elle écartait sa mantille afin de montrer ses épaules et un gros bouquet de cassie[9] qui sortait de sa chemise. Elle avait encore une fleur de cassie dans le coin de la bouche, et elle s'avançait en se balançant sur ses hanches comme une pouliche du haras de Cordoue. Dans

1. Note de Mérimée : « magistrat chargé de la police et de l'administration de la ville ».
2. Tissu.
3. Note de Mérimée : « costume traditionnel des jeunes filles de la Navarre et du pays basque ».
4. Habitué.
5. Se moquer.
6. Jeune Gitane.
7. Jour de Vénus, déesse de l'amour.
8. Cuir.
9. Fleurs jaunes et très parfumées.

mon pays, une femme en ce costume aurait obligé le monde à se signer[10]. À Séville, chacun lui adressait quelque compliment gaillard[11] sur sa tournure ; elle répondait à chacun, faisant les yeux en coulisse, le poing sur la hanche, effrontée comme une vraie bohémienne qu'elle était. D'abord elle ne me plut pas, et je repris mon ouvrage ; mais elle, suivant l'usage des femmes et des chats qui ne viennent pas quand on les appelle et qui viennent quand on ne les appelle pas, s'arrêta devant moi et m'adressa la parole : « Compère, me dit-elle à la façon andalouse, veux-tu me donner ta chaîne pour tenir les clefs de mon coffre-fort ?

– C'est pour attacher mon épinglette, lui répondis-je.

– Ton épinglette ! s'écria-t-elle en riant. Ah ! monsieur fait de la dentelle, puisqu'il a besoin d'épingles ! » Tout le monde qui était là se mit à rire, et moi je me sentais rougir, et je ne pouvais trouver rien à lui répondre. « Allons, mon cœur, reprit-elle, fais-moi sept aunes[12] de dentelle noire pour une mantille, épinglier de mon âme ! » Et prenant la fleur de cassie qu'elle avait à la bouche, elle me la lança, d'un mouvement du pouce, juste entre les deux yeux. Monsieur, cela me fit l'effet d'une balle qui m'arrivait… Je ne savais où me fourrer, je demeurais immobile comme une planche. Quand elle fut entrée dans la manufacture, je vis la fleur de cassie qui était tombée à terre entre mes pieds ; je ne sais ce qui me prit, mais je la ramassai sans que mes camarades s'en aperçussent et je la mis précieusement dans ma veste. Première sottise !

Deux ou trois heures après, j'y pensais encore, quand arrive dans le corps de garde un portier tout haletant, la

10. Faire un signe de croix.
11. Osé.
12. Environ 1,20 m.

figure renversée. Il nous dit que dans la grande salle des cigares il y avait une femme assassinée, et qu'il fallait y envoyer la garde. Le maréchal me dit de prendre deux hommes et d'y aller voir. Je prends mes hommes et je monte. Figurez-vous, monsieur, qu'entré dans la salle je trouve d'abord trois cents femmes en chemise, ou peu s'en faut, toutes criant, hurlant, gesticulant, faisant un vacarme à ne pas entendre Dieu tonner. D'un côté, il y en avait une, les quatre fers en l'air, couverte de sang, avec un X sur la figure qu'on venait de lui marquer en deux coups de couteau. En face de la blessée, que secouraient les meilleures de la bande, je vois Carmen tenue par cinq ou six commères. La femme blessée criait : « Confession ! confession ! je suis morte ! » Carmen ne disait rien ; elle serrait les dents, et roulait des yeux comme un caméléon. « Qu'est-ce que c'est ? » demandai-je. J'eus grand-peine à savoir ce qui s'était passé, car toutes les ouvrières me parlaient à la fois. Il paraît que la femme blessée s'était vantée d'avoir assez d'argent en poche pour acheter un âne au marché de Triana[1]. « Tiens, dit Carmen qui avait une langue, tu n'as donc pas assez d'un balai ? » L'autre, blessée du reproche, peut-être parce qu'elle se sentait véreuse sur l'article[2], lui répond qu'elle ne se connaissait pas en balais, n'ayant pas l'honneur d'être bohémienne ni filleule de Satan, mais que Mlle Carmencita ferait bientôt connaissance avec son âne, quand M. le corrégidor la mènerait à la promenade avec deux laquais[3] par-derrière pour l'émoucher[4]. « Eh bien, moi, dit Carmen, je te ferai des abreuvoirs à mouches[5] sur la joue, et je veux y peindre un damier. » – Là-dessus, vli-vlan ! elle commence, avec

Les femmes infidèles

Le châtiment réservé aux femmes infidèles et à celles qui étaient accusées de sorcellerie était de promener la coupable sur un âne et un bourreau la fouettait à chaque carrefour. Son humiliation était ainsi publique. ■

1. Faubourg de Séville qui abritait une importante colonie de Gitans.
2. Concernée par ce reproche.
3. Domestiques.
4. La fouetter.
5. De larges plaies.

le couteau dont elle coupait le bout des cigares, à lui dessiner des croix de Saint-André[6] sur la figure.

Le cas était clair ; je pris Carmen par le bras : « Ma sœur, lui dis-je poliment, il faut me suivre. » Elle me lança un regard comme si elle me reconnaissait ; mais elle dit d'un air résigné : « Marchons. Où est ma mantille ? » Elle la mit sur sa tête de façon à ne montrer qu'un seul de ses grands yeux, et suivit mes deux hommes, douce comme un mouton. Arrivés au corps de garde, le maréchal des logis dit que c'était grave, et qu'il fallait la mener à la prison. C'était encore moi qui devais la conduire. Je la mis entre deux dragons et je marchais derrière comme un brigadier doit faire en semblable rencontre. Nous nous mîmes en route pour la ville. D'abord la bohémienne avait gardé le silence ; mais dans la rue du Serpent, – vous la connaissez, elle mérite bien son nom par les détours qu'elle fait, – dans la rue du Serpent, elle commence par laisser tomber sa mantille sur ses épaules, afin de me montrer son minois enjôleur[7], et, se tournant vers moi autant qu'elle pouvait, elle me dit :

« Mon officier, où me menez-vous ?

– À la prison, ma pauvre enfant », lui répondis-je le plus doucement que je pus, comme un bon soldat doit parler à un prisonnier, surtout à une femme.

« Hélas ! Que deviendrai-je ? Seigneur officier, ayez pitié de moi. Vous êtes si jeune, si gentil !... » Puis, d'un ton plus bas : « Laissez-moi m'échapper, dit-elle, je vous donnerai un morceau de la *bar lachi*[8], qui vous fera aimer de toutes les femmes. »

6. Croix en forme de X.
7. Visage jeune et charmeur.
8. Pierre servant à fabriquer un élixir d'amour.

La *bar lachi*, monsieur, c'est la pierre d'aimant, avec laquelle les bohémiens prétendent qu'on fait quantité de sortilèges quand on sait s'en servir. Faites-en boire à une femme une pincée râpée dans un verre de vin blanc, elle ne résiste plus. Moi, je lui répondis le plus sérieusement que je pus :

« Nous ne sommes pas ici pour dire des balivernes[1] ; il faut aller à la prison, c'est la consigne, et il n'y a pas de remède. »

Nous autres gens du pays basque, nous avons un accent qui nous fait reconnaître facilement des Espagnols ; en revanche, il n'y en a pas un qui puisse seulement apprendre à dire *baï, jaona*[2]. Carmen donc n'eut pas de peine à deviner que je venais des provinces. Vous saurez que les bohémiens, monsieur, comme n'étant d'aucun pays, voyageant toujours, parlent toutes les langues, et la plupart sont chez eux en Portugal, en France, dans les provinces, en Catalogne, partout ; même avec les Maures et les Anglais, ils se font entendre. Carmen savait assez bien le basque. « *Laguna, ene bibotsarena*, camarade de mon cœur, me dit-elle tout à coup, êtes-vous du pays ? »

Notre langue, monsieur, est si belle, que, lorsque nous l'entendons en pays étranger, cela nous fait tressaillir… « Je voudrais avoir un confesseur des provinces », ajouta plus bas le bandit. Il reprit après un silence :

« Je suis d'Elizondo, lui répondis-je en basque, fort ému de l'entendre parler ma langue.

– Moi, je suis d'Etchalar, dit-elle. – C'est un pays à quatre heures de chez nous. – J'ai été emmenée par des bohémiens à Séville. Je travaillais à la manufacture pour

1. Bêtises.
2. Note de Mérimée : « l'expression signifie "oui, monsieur" ».

gagner de quoi retourner en Navarre, près de ma pauvre mère qui n'a que moi pour soutien, et un petit *barratcea*[3] avec vingt pommiers à cidre. Ah ! si j'étais au pays, devant la montagne blanche ! On m'a insultée parce que je ne suis pas de ce pays de filous, marchands d'oranges pourries ; et ces gueuses[4] se sont mises toutes contre moi, parce que je leur ai dit que tous leurs *jacques*[5] de Séville, avec leurs couteaux, ne feraient pas peur à un gars de chez nous avec son béret bleu et son *maquila*. Camarade, mon ami, ne ferez-vous rien pour une payse[6] ? »

Elle mentait, monsieur, elle a toujours menti. Je ne sais pas si dans sa vie cette fille-là a jamais dit un mot de vérité ; mais, quand elle parlait, je la croyais : c'était plus fort que moi. Elle estropiait le basque, et je la crus Navarraise ; ses yeux seuls et sa bouche et son teint la disaient bohémienne. J'étais fou, je ne faisais plus attention à rien. Je pensais que, si des Espagnols s'étaient avisés de mal parler du pays, je leur aurais coupé la figure, tout comme elle venait de faire à sa camarade. Bref, j'étais comme un homme ivre ; je commençais à dire des bêtises, j'étais tout près d'en faire.

« Si je vous poussais, et si vous tombiez, mon pays[7], reprit-elle en basque, ce ne seraient pas ces deux conscrits[8] de Castillans[9] qui me retiendraient… »

Ma foi, j'oubliai la consigne et tout, et je lui dis :

« Eh bien, m'amie, ma payse, essayez, et que Notre-Dame de la Montagne vous soit en aide ! » En ce moment, nous passions devant une de ces ruelles étroites comme il y en a tant à Séville. Tout à coup Carmen se retourne et me lance un coup de poing dans la poitrine. Je me laissai

3. Jardin.
4. Femmes de mauvaise vie.
5. Fanfarons, vantards.
6. Femme de la même région.
7. Homme de la même région.
8. Jeunes soldats.
9. Habitants de la région de Madrid.

tomber exprès à la renverse. D'un bond, elle saute par-dessus moi et se met à courir en nous montrant une paire de jambes !... On dit jambes de Basque[1] : les siennes en valaient bien d'autres... aussi vites[2] que bien tournées. Moi, je me relève aussitôt ; mais je mets ma lance en travers, de façon à barrer la rue, si bien que, de prime abord[3], les camarades furent arrêtés au moment de la poursuivre. Puis je me mis moi-même à courir, et eux après moi ; mais l'atteindre ! il n'y avait pas de risque, avec nos éperons, nos sabres et nos lances ! En moins de temps que je n'en mets à vous le dire, la prisonnière avait disparu. D'ailleurs, toutes les commères du quartier favorisaient sa fuite, et se moquaient de nous, et nous indiquaient la fausse voie. Après plusieurs marches et contre-marches[4], il fallut nous en revenir au corps de garde[5] sans un reçu du gouverneur de la prison.

Mes hommes, pour n'être pas punis, dirent que Carmen m'avait parlé basque ; et il ne paraissait pas trop naturel, pour dire à la vérité, qu'un coup de poing d'une tant petite fille eût terrassé si facilement un gaillard de ma force. Tout cela parut louche, ou plutôt trop clair. En descendant la garde, je fus dégradé et envoyé pour un mois à la prison. C'était ma première punition depuis que j'étais au service. Adieu les galons de maréchal des logis que je croyais déjà tenir !

Mes premiers jours de prison se passèrent fort tristement. En me faisant soldat, je m'étais figuré que je deviendrais tout au moins officier. Longa, Mina, mes compatriotes, sont bien capitaines généraux ; Chapalangarra[6], qui est un négro[7] comme Mina, et réfugié comme lui dans votre

1. Les Basques avaient la réputation d'être d'excellents coureurs.
2. Rapides.
3. Tout de suite.
4. Allers-retours.
5. Poste de garde.
6. Longa, Mina et Chapalangarra étaient des chefs militaires qui combattirent l'armée de Napoléon Ier en Espagne.
7. Un libéral (par opposition aux royalistes).

pays, Chapalangarra était colonel, et j'ai joué à la paume vingt fois avec son frère, qui était un pauvre diable comme moi. Maintenant je me disais : Tout le temps que tu as servi sans punition, c'est du temps perdu. Te voilà mal noté ; pour te remettre bien dans l'esprit des chefs, il te faudra travailler dix fois plus que lorsque tu es venu comme conscrit ! Et pour quoi me suis-je fait punir ? Pour une coquine de bohémienne qui s'est moquée de moi, et qui, dans ce moment, est à voler dans quelque coin de la ville. Pourtant je ne pouvais m'empêcher de penser à elle. Le croiriez-vous, monsieur ? ses bas de soie troués qu'elle me faisait voir tout en plein en s'enfuyant, je les avais toujours devant les yeux. Je regardais par les barreaux de prison dans la rue, et, parmi toutes les femmes qui passaient, je n'en voyais pas une seule qui valût cette diable de fille-là. Et puis, malgré moi, je sentais la fleur de cassie qu'elle m'avait jetée, et qui, sèche, gardait toujours sa bonne odeur… S'il y a des sorcières, cette fille-là en était une !

Un jour, le geôlier entre, et me donne un pain d'Alcalá[8] « Tenez, dit-il, voilà ce que votre cousine vous envoie. » Je pris le pain, fort étonné, car je n'avais pas de cousine à Séville. C'est peut-être une erreur, pensai-je en regardant le pain ; mais il était si appétissant, il sentait si bon, que, sans m'inquiéter de savoir d'où il venait et à qui il était destiné, je résolus de le manger. En voulant le couper, mon couteau rencontra quelque chose de dur. Je regarde, et je trouve une petite lime anglaise qu'on avait glissée dans la pâte avant que le pain fût cuit. Il y avait encore dans le pain une pièce d'or de deux piastres[9]. Plus

8. Note de Mérimée : « bourg à deux lieues de Séville où l'on fait des petits pains délicieux ».
9. Monnaie ancienne.

de doute alors, c'était un cadeau de Carmen. Pour les gens de sa race, la liberté est tout, et ils mettraient le feu à une ville pour s'épargner un jour de prison. D'ailleurs, la commère était fine, et avec ce pain-là on se moquait des geôliers. En une heure, le plus gros barreau était scié avec la petite lime ; et avec la pièce de deux piastres, chez le premier fripier[1], je changeais ma capote[2] d'uniforme pour un habit bourgeois. Vous pensez bien qu'un homme qui avait déniché maintes fois des aiglons dans nos rochers ne s'embarrassait guère de descendre dans la rue, d'une fenêtre haute de moins de trente pieds[3] ; mais je ne voulais pas m'échapper. J'avais encore mon honneur de soldat, et déserter[4] me semblait un grand crime. Seulement, je fus touché de cette marque de souvenir. Quand on est en prison, on aime à penser qu'on a dehors un ami qui s'intéresse à vous. La pièce d'or m'offusquait[5] un peu, j'aurais bien voulu la rendre ; mais où trouver mon créancier[6] ? Cela ne me semblait pas facile.

Après la cérémonie de la dégradation, je croyais n'avoir plus rien à souffrir ; mais il me restait encore une humiliation à dévorer : ce fut à ma sortie de prison, lorsqu'on me commanda de service et qu'on me mit en faction[7] comme un simple soldat. Vous ne pouvez vous figurer ce qu'un homme de cœur éprouve en pareille occasion. Je crois que j'aurais aimé autant à être fusillé. Au moins on marche seul, en avant de son peloton ; on se sent quelque chose ; le monde vous regarde.

Je fus mis en faction à la porte du colonel. C'était un jeune homme riche, bon enfant, qui aimait à s'amuser. Tous les jeunes officiers étaient chez lui, et force[8] bourgeois,

1. Commerçant qui vend des vêtements d'occasion.
2. Mon long manteau militaire.
3. Environ 10 m.
4. Abandonner mon poste de soldat.
5. Me vexait.
6. La personne à qui je la devais.
7. À monter la garde.
8. De nombreux.

des femmes aussi, des actrices, à ce qu'on disait. Pour moi, il me semblait que toute la ville s'était donné rendez-vous à sa porte pour me regarder. Voilà qu'arrive la voiture du colonel, avec son valet de chambre sur le siège. Qu'est-ce que je vois descendre ?… La gitanilla. Elle était parée, cette fois, comme une châsse[9], pomponnée, attifée[10], tout or et tout rubans. Une robe à paillettes, des souliers bleus à paillettes aussi, des fleurs et des galons partout. Elle avait un tambour de basque à la main. Avec elle il y avait deux autres bohémiennes, une jeune et une vieille. Il y a toujours une vieille pour les mener ; puis un vieux avec une guitare, bohémien aussi, pour jouer et les faire danser. Vous savez qu'on s'amuse souvent à faire venir des bohémiennes dans les sociétés, afin de leur faire danser la *romalis,* c'est leur danse, et souvent bien autre chose.

Carmen me reconnut, et nous échangeâmes un regard. Je ne sais, mais, en ce moment, j'aurais voulu être à cent pieds sous terre. « *Agur laguna*[11], dit-elle. Mon officier, tu montes la garde comme un conscrit ! » Et, avant que j'eusse trouvé un mot à répondre, elle était dans la maison.

Toute la société était dans le patio[12], et, malgré la foule, je voyais à peu près tout ce qui se passait à travers la grille. J'entendais les castagnettes, le tambour ; les rires et les bravos ; parfois j'apercevais sa tête quand elle sautait avec son tambour. Puis j'entendais encore des officiers qui lui disaient bien des choses qui me faisaient monter le rouge à la figure. Ce qu'elle répondait, je ne savais rien. C'est de ce jour-là, je pense que je me mis à

9. Coffre richement orné où l'on garde les reliques d'un saint.

10. Habillée (péjoratif).

11. Traduction de Mérimée : « bonjour, camarade ». En réalité, l'expression signifie « Demain sera un autre jour ».

12. Cour intérieure à ciel ouvert.

l'aimer pout tout de bon ; car l'idée me vint trois ou quatre fois d'entrer dans le patio, et de donner de mon sabre dans le ventre à tous ces freluquets[1] qui lui contaient fleurettes[2]. Mon supplice dura une bonne heure ; puis les bohémiens sortirent, et la voiture les ramena. Carmen, en passant, me regarda encore avec les yeux que vous savez, et me dit très bas : « Pays, quand on aime la bonne friture, on en va manger à Triana, chez Lillas Pastia. » Légère comme un cabri, elle s'élança dans la voiture, le cocher fouetta ses mules, et toute la bande joyeuse s'en alla je ne sais où.

Vous devinez bien qu'en descendant ma garde[3] j'allai à Triana ; mais d'abord je me fis raser et je me brossai comme pour un jour de parade. Elle était chez Lillas Pastia, un vieux marchand de friture, bohémien, noir comme un Maure, chez qui beaucoup de bourgeois venaient manger du poisson frit, surtout, je crois, depuis que Carmen y avait pris ses quartiers[4].

« Lillas, dit-elle sitôt qu'elle me vit, je ne fais plus rien de la journée. Demain il fera jour[5] ! Allons, pays, allons nous promener. »

Elle mit sa mantille devant son nez, et nous voilà dans la rue, sans savoir où j'allais.

« Mademoiselle, lui dis-je, je crois que j'ai à vous remercier d'un présent que vous m'avez envoyé quand j'étais en prison. J'ai mangé le pain ; la lime me servira pour affiler ma lance, et je la garde comme souvenir de vous ; mais l'argent, le voilà.

– Tiens ! il a gardé l'argent, s'écria-t-elle en éclatant de rire. Au reste, tant mieux, car je ne suis guère en fonds[6] ;

Les Maures

Les Maures conquirent l'Espagne à partir de 711 et s'installèrent dans les provinces de Séville, Cordoue, Tolède, Mérida et Saragosse. Ils lancèrent des attaques contre les Francs, mais furent arrêtés en 732 à Poitiers. En 1212 commença la reconquête qui éloigna les Maures du centre du pays, mais ils conservèrent le royaume de Grenade jusqu'en 1492. Après le siège de la ville, ils durent quitter l'Espagne ou se convertir au catholicisme. ■

1. Jeunes prétentieux.
2. La courtisaient.
3. En quittant ma garde.
4. Y venait souvent.
5. Note de Mérimée : « proverbe espagnol ».
6. Je n'ai pas beaucoup d'argent.

mais qu'importe ? chien qui chemine ne meurt pas de famine[7]. Allons, mangeons tout. Tu me régales[8]. »

Nous avions repris le chemin de Séville. À l'entrée de la rue du Serpent, elle acheta une douzaine d'oranges, qu'elle me fit mettre dans mon mouchoir. Un peu plus loin, elle acheta encore un pain, du saucisson, une bouteille de manzanilla[9] ; puis enfin elle entra chez un confiseur. Là, elle jeta sur le comptoir la pièce d'or que je lui avais rendue, une autre encore, qu'elle avait dans sa poche, avec quelque argent blanc[10] ; enfin elle me demanda tout ce que j'avais. Je n'avais qu'une piécette et quelques cuartos[11], que je lui donnai, fort honteux de n'avoir pas davantage. Je crus qu'elle voulait emporter toute la boutique. Elle prit tout ce qu'il y avait de plus beau et de plus cher, *yemas*[12], *turon*[13], fruits confits, tant que l'argent dura. Tout cela, il fallut encore que je le portasse dans des sacs de papier. Vous connaissez peut-être la rue du Candilejo, où il y a une tête du roi don Pedro le Justicier[14]. Elle aurait dû m'inspirer des réflexions. Nous nous arrêtâmes, dans cette rue-là, devant une vieille maison. Elle entra dans l'allée, et frappa au rez-de-chaussée. Une bohémienne, vraie servante de Satan, vint nous ouvrir. Carmen lui dit quelques mots en *romani*. La vieille grogna d'abord. Pour l'apaiser, Carmen lui donna deux oranges et une poignée de bonbons, et lui permit de goûter au vin. Puis elle lui mit sa mante[15] sur le dos et la conduisit à la porte, qu'elle ferma avec la barre de bois. Dès que nous fûmes seuls, elle se mit à danser et à rire comme une folle, en chantant : « Tu es mon *rom* je suis ta *romi*[16] ». Moi, j'étais au milieu de la chambre, chargé de toutes ses

Chapitre III

Les langues des bohémiens

Le *romani* est la langue d'origine des Bohémiens et se rapproche du sanskrit, langue de l'Inde. Mais chaque groupe de bohémiens parle la langue du pays où il s'est fixé et en incorpore des éléments au *romani*, par exemple le *calo* est un dialecte hispanique parlé par les Gitans d'Espagne. ■

7. Proverbe bohémien.
8. Tu m'invites.
9. Vin blanc.
10. Pièces de faible valeur.
11. Monnaie de cuivre de faible valeur.
12. Pâtisseries.
13. Nougat.
14. Le roi Pedro (1334-1369) est appelé « le justicier » parce qu'il réprima des révoltes de nobles.
15. Longue cape.
16. *Rom* signifie « mari » et *romi* signifie « femme ».

emplettes[1], ne sachant où les poser. Elle jeta tout par terre, et me sauta au cou, en me disant : « Je paye mes dettes, je paye mes dettes ! c'est la loi des calé[2] ! » Ah ! monsieur, cette journée-là ! cette journée-là !... quand j'y pense, j'oublie celle de demain.

? A votre Avis

Don José va être :

- ❑ fusillé ?
- ❑ pendu ?
- ❑ garrotté ?

1. Achats.
2. Note de Mérimée : « *calo*, féminin *calli*, pluriel *calé* : "noir", nom que se donnent les Bohémiens dans leur langue ».

pause lecture 2

Une tragédie moderne

▸ Chapitres II et III (début)

L'entrée en scène de Carmen

1 Où habite Carmen lorsque le narrateur la rencontre ? VOIR ? PAGE 36

Un portrait éclaté

2 À travers le regard de quels personnages est successivement vue Carmen (chap. II, l. 44 à 48 et 114 à 130, et chap. III, l. 50 à 57) ? Que soulignent ces portraits ?

3 Dans les lignes 114 à 130, relevez les connecteurs et les modalisateurs. Quel est l'effet produit ? Quelle phrase résume cette impression ?

4 Dans ce même passage et dans les lignes 55 à 67 (chap. III), relevez les comparaisons employées. Quel nouvel aspect du personnage est ainsi mis en valeur ?

Une Bohémienne scandaleuse

5 Dans sa rencontre avec le narrateur, en quoi Carmen transgresse-t-elle les règles habituelles de la bonne conduite féminine au XIXe siècle ?

6 Quelles expressions soulignent qu'elle peut être dangereuse et même maléfique, lors de l'épisode de la bonne aventure (chap. II) et lors de l'incident dans la fabrique de cigares (chap. III) ?

Une tragédie moderne

Deux hommes sous le charme

1 Où se passent les deuxième et troisième rencontres entre le narrateur et don José ? VOIR **?** PAGE 44

Deux personnages semblables…

2 Quelles expressions montrent que le narrateur n'est pas insensible au charme de Carmen (chap. II, l. 105 à 138) ? Et don José (chap. III, l. 50 à 81) ?

3 Quelles perturbations Carmen cause-t-elle dans la vie des deux personnages ?

…et différents

4 Pourquoi Carmen dit-elle à don José « qu'il fait de la dentelle » (l. 72) ? Quel sentiment éprouve-t-elle alors pour lui ? Relevez d'autres expressions qui justifient votre réponse.

5 Quelle attitude Carmen a-t-elle à l'égard du narrateur après l'irruption de don José ? Pourquoi ?

6 Quels objets symbolisent le lien qui s'est établi entre Carmen et le narrateur et entre celle-ci et don José ? Le symbole a-t-il la même signification dans les deux cas ?

Une structure narrative complexe

1 Que va-t-il arriver à don José le lendemain ? VOIR ? PAGE 60

Un récit aux multiples péripéties

2 Qu'est-il arrivé à la montre du narrateur ? Quelles notations, au début du chapitre II, pouvaient alerter le lecteur ?

3 Comment Carmen évite-t-elle la prison ? Qu'imagine-t-elle pour faire évader don José ? Celui-ci profite-t-il de l'occasion ? À quel type de romans ces épisodes font-ils penser ?

Un récit rétrospectif

4 Combien de temps s'est écoulé entre les événements racontés au chapitre I et ceux évoqués au début du chapitre II ? entre la rencontre du narrateur avec Carmen (au début du chapitre II) et le moment où il écrit ? entre la rencontre de don José et du narrateur chez Carmen et la rencontre des deux hommes dans la prison ?

5 Qui est le narrateur dans le chapitre III ? À qui s'adresse-t-il ? Quels rôles jouent les deux personnages ?

Une tragédie annoncée

6 Qu'apporte le récit de la jeunesse de don José à la compréhension de la tragédie ?

7 Quelles sont les étapes de la déchéance morale et sociale de don José ?

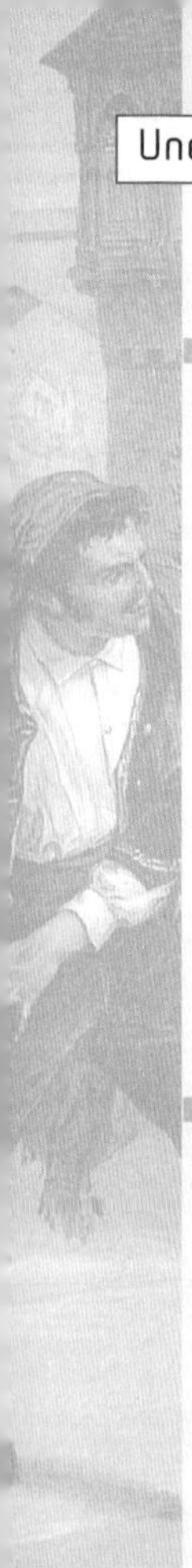

Du texte à l'image

Observez le tableau → voir dossier images p. II

Kees Van Dongen, *La Gitane*, 1917-1918.

1 Où se trouve la gitane ? Que traduit son attitude ?

2 Comparez ce personnage avec les portraits de Carmen dans les chapitres II (p. 38-39) et III (p. 48-49).

3 Comment le peintre crée-t-il un contraste entre le premier plan et l'arrière-plan ? Quel est l'effet produit ?

À vous de jouer

Recherchez

Faites une recherche sur le personnage d'Esmeralda, une autre bohémienne célèbre dans la littérature du XIXe siècle.

Expression écrite

Carmen raconte comment don José a fait échouer son projet de se procurer la belle montre de l'étranger.

Le bandit se tut un instant ; puis, après avoir rallumé son cigare, il reprit :

Nous passâmes ensemble toute la journée, mangeant, buvant, et le reste. Quand elle eut mangé des bonbons comme un enfant de six ans, elle en fourra des poignées dans la jarre d'eau de la vieille. « C'est pour lui faire du sorbet », disait-elle. Elle écrasait des *yemas*[1] en les lançant contre la muraille. « C'est pour que les mouches nous laissent tranquilles », disait-elle… Il n'y a pas de tour ni de bêtise qu'elle ne fît. Je lui dis que je voudrais la voir danser ; mais où trouver des castagnettes ? Aussitôt elle prend la seule assiette de la vieille, la casse en morceaux, et la voilà qui danse la *romalis*[2] en faisant claquer les morceaux de faïence aussi bien que si elle avait eu des castagnettes d'ébène ou d'ivoire. On ne s'ennuyait pas auprès de cette fille-là, je vous en réponds. Le soir vint, et j'entendis les tambours qui battaient la retraite.

« Il faut que j'aille au quartier[3] pour l'appel, lui dis-je.

– Au quartier ? dit-elle d'un air de mépris ; tu es donc un nègre, pour te laisser mener à la baguette ? Tu es un vrai canari[4], d'habit et de caractère. Va, tu as un cœur de poulet[5]. » Je restai, résigné d'avance à la salle de police[6]. Le matin, ce fut elle qui parla la première de nous séparer. « Écoute, Joseito[7], dit-elle ; t'ai-je payé ? D'après notre loi, je ne te devais rien, puisque tu es un *payllo*[8], mais tu es un joli garçon, et tu m'as plu. Nous sommes quittes. Bonjour. »

Je lui demandai quand je la reverrais.

« Quand tu seras moins niais[9] », répondit-elle en riant. Puis, d'un ton plus sérieux : « Sais-tu, mon fils, que

1. Pâtisseries.
2. Danse typique des Bohémiennes.
3. À la caserne.
4. Les dragons espagnols (soldats de la cavalerie) portaient un uniforme jaune.
5. Sans courage.
6. À être mis en prison pour abandon de poste.
7. Diminutif de « José ».
8. Nom que les Bohémiens donnaient à celui qui n'est pas des leurs.
9. Naïf.

je crois que je t'aime un peu ? Mais cela ne peut durer. Chien et loup ne font pas longtemps bon ménage. Peut-être que, si tu prenais la loi d'Égypte[1], j'aimerais à devenir ta *romi*. Mais, ce sont des bêtises : cela ne se peut pas. Bah ! mon garçon, crois-moi, tu en es quitte[2] à bon compte. Tu as rencontré le diable, oui, le diable ; il n'est pas toujours noir, et il ne t'a pas tordu le cou. Je suis habillée de laine, mais je ne suis pas mouton. Va mettre un cierge devant ta *majari*[3] ; elle l'a bien gagné. Allons, adieu encore une fois. Ne pense plus à Carmencita, ou elle te ferait épouser une veuve à jambes de bois[4] ».

En parlant ainsi, elle défaisait la barre qui fermait la porte, et une fois dans la rue elle s'enveloppa dans sa mantille et me tourna les talons.

Elle disait vrai. J'aurais été sage de ne plus penser à elle ; mais, depuis cette journée dans la rue du Candilejo, je ne pouvais plus songer à autre chose. Je me promenais tout le jour, espérant la rencontrer. J'en demandais des nouvelles à la vieille et au marchand de friture. L'un et l'autre répondaient qu'elle était partie pour Laloro[5], c'est ainsi qu'ils appellent le Portugal. Probablement c'était d'après les instructions de Carmen qu'ils parlaient de la sorte, mais je ne tardai pas à savoir qu'ils mentaient. Quelques semaines après ma journée de la rue du Candilejo, je fus de faction à une des portes de la ville. À peu de distance de cette porte, il y avait une brèche qui s'était faite dans le mur d'enceinte ; on y travaillait pendant le jour, et la nuit on y mettait un factionnaire[6] pour empêcher les fraudeurs. Pendant le jour, je vis Lillas Pastia passer et repasser autour du corps de garde, et causer

1. Si tu devenais Bohémien.
2. Tu t'en tires.
3. La Vierge.
4. Note de Mérimée : « la potence qui est la veuve du dernier pendu ».
5. Note de Mérimée : « "la terre rouge", c'est-à-dire le Portugal ».
6. Garde.

avec quelques-uns de mes camarades ; tous le connaissaient, et ses poissons et ses beignets encore mieux. Il s'approcha de moi et me demanda si j'avais des nouvelles de Carmen.

« Non, lui dis-je.

– Eh bien, vous en aurez, compère. »

Il ne se trompait pas. La nuit, je fus mis de faction à la brèche. Dès que le brigadier se fut retiré, je vis venir à moi une femme. Le cœur me disait que c'était Carmen. Cependant je criai : « Au large ! on ne passe pas !

– Ne faites donc pas le méchant, me dit-elle en se faisant connaître à moi.

– Quoi ! vous voilà, Carmen !

– Oui, mon pays[7]. Parlons peu, parlons bien. Veux-tu gagner un douro[8] ? Il va venir des gens avec des paquets ; laisse-les faire.

– Non, répondis-je. Je dois les empêcher de passer ; c'est la consigne.

– La consigne ! la consigne ! Tu n'y pensais pas rue du Candilejo.

– Ah ! répondis-je, tout bouleversé par ce seul souvenir, cela valait bien la peine d'oublier la consigne ; mais je ne veux pas de l'argent des contrebandiers.

– Voyons, si tu ne veux pas d'argent, veux-tu que nous allions encore dîner chez la vieille Dorothée ?

– Non ! dis-je à moitié étranglé par l'effort que je faisais. Je ne puis pas.

– Fort bien. Si tu es difficile, je sais à qui m'adresser. J'offrirai à ton officier d'aller chez Dorothée. Il a l'air d'un bon enfant, et il fera mettre en sentinelle un gaillard qui

7. Homme de la même région.

8. Pièce d'argent.

ne verra que ce qu'il faudra voir. Adieu, canari. Je rirai bien le jour où la consigne sera de te pendre. »

J'eus la faiblesse de la rappeler, et je promis de laisser passer toute la bohème[1], s'il le fallait, pourvu que j'obtinsse la seule récompense que je désirais. Elle me jura aussitôt de me tenir parole dès le lendemain, et courut prévenir ses amis, qui étaient à deux pas. Il y en avait cinq, dont était Pastia, tous bien chargés de marchandises anglaises. Carmen faisait le guet. Elle devait avertir avec ses castagnettes dès qu'elle apercevrait la ronde, mais elle n'en eut pas besoin. Les fraudeurs firent leur affaire en un instant.

Le lendemain, j'allai rue du Candilejo. Carmen se fit attendre, et vint d'assez mauvaise humeur. « Je n'aime pas les gens qui se font prier, dit-elle. Tu m'as rendu un plus grand service la première fois, sans savoir si tu y gagnerais quelque chose. Hier, tu as marchandé avec moi. Je ne sais pas pourquoi je suis venue car je ne t'aime plus. Tiens, va-t'en, voilà un douro pour ta peine. » Peu s'en fallut que je ne lui jetasse la pièce à la tête, et je fus obligé de faire un effort violent sur moi-même pour ne pas la battre. Après nous être disputés pendant une heure, je sortis furieux. J'errai quelque temps par la ville, marchant deçà et delà comme un fou ; enfin j'entrai dans une église, et, m'étant mis dans le coin le plus obscur, je pleurai à chaudes larmes. Tout d'un coup j'entends une voix : « Larmes de dragon ! j'en veux faire un philtre[2]. » Je lève les yeux, c'était Carmen en face de moi. « Eh bien, mon pays, m'en voulez-vous encore ? me dit-elle. Il faut bien que je vous aime, malgré que j'en aie[3], car, depuis

1. Tous les Bohémiens.
2. Breuvage magique destiné à inspirer l'amour.
3. Malgré moi.

que vous m'avez quittée, je ne sais ce que j'ai. Voyons, maintenant c'est moi qui te demande si tu veux venir rue du Candilejo. » Nous fîmes donc la paix ; mais Carmen avait l'humeur comme est le temps chez nous. Jamais l'orage n'est si près dans nos montagnes que lorsque le soleil est le plus brillant. Elle m'avait promis de me revoir une autre fois chez Dorothée, et elle ne vint pas. Et Dorothée me dit de plus belle qu'elle était allée à Laloro pour les affaires d'Égypte.

Sachant déjà par expérience à quoi m'en tenir là-dessus, je cherchais Carmen partout où je croyais qu'elle pouvait être, et je passais vingt fois par jour dans la rue du Candilejo. Un soir, j'étais chez Dorothée, que j'avais presque apprivoisée en lui payant de temps à autre quelque verre d'anisette, lorsque Carmen entra suivie d'un jeune homme, lieutenant dans notre régiment. « Va-t'en vite, me dit-elle en basque. » Je restai stupéfait, la rage dans le cœur. « Qu'est-ce que tu fais ici ? me dit le lieutenant. Décampe, hors d'ici ! » Je ne pouvais faire un pas ; j'étais comme perclus[4]. L'officier, en colère, voyant que je ne me retirais pas, et que je n'avais pas même ôté mon bonnet de police[5], me prit au collet et me secoua rudement. Je ne sais ce que je lui dis. Il tira son épée, et je dégainai. La vieille me saisit le bras, et le lieutenant me donna un coup au front, dont je porte encore la marque. Je reculai, et d'un coup de coude je jetai Dorothée à la renverse ; puis, comme le lieutenant me poursuivait, je lui mis la pointe au corps, et il s'enferra[6]. Carmen alors éteignit la lampe, et dit dans sa langue à Dorothée de s'enfuir. Moi-même je me sauvai dans la rue, et me mis à courir sans

4. Paralysé.
5. Calot en tissu porté par les simples soldats.
6. S'empala sur le fer de l'épée.

savoir où. Il me semblait que quelqu'un me suivait. Quand je revins à moi, je trouvai que Carmen ne m'avait pas quitté. « Grand niais de canari ! me dit-elle, tu ne sais faire que des bêtises. Aussi bien, je te l'ai dit que je te porterais malheur. Allons, il y a remède à tout, quand on a pour bonne amie une Flamande de Rome[1]. Commence par mettre ce mouchoir sur ta tête, et jette-moi ce ceinturon. Attends-moi dans cette allée. Je reviens dans deux minutes. » Elle disparut, et me rapporta bientôt une mante[2] rayée qu'elle était allée chercher je ne sais où. Elle me fit quitter mon uniforme, et mettre la mante par-dessus ma chemise. Ainsi accoutré, avec le mouchoir dont elle avait bandé la plaie que j'avais à la tête, je ressemblais assez à un paysan valencien[3], comme il y en a à Séville, qui viennent vendre leur orgeat de *chufas*[4]. Puis elle me mena dans une maison assez semblable à celle de Dorothée, au fond d'une petite ruelle. Elle et une autre bohémienne me lavèrent, me pansèrent mieux que n'eût pu le faire un chirurgien-major[5], me firent boire je ne sais quoi ; enfin, on me mit sur un matelas, et je m'endormis.

Probablement ces femmes avaient mêlé dans ma boisson quelques-unes de ces drogues assoupissantes[6] dont elles ont le secret, car je ne m'éveillai que fort tard le lendemain. J'avais un grand mal de tête et un peu de fièvre. Il fallut quelque temps pour que le souvenir me revînt de la terrible scène où j'avais pris part la veille. Après avoir pansé ma plaie, Carmen et son amie, accroupies toutes les deux sur les talons auprès de mon matelas, échangèrent quelques mots en *chipe calli*[7], qui paraissaient être une consultation médicale. Puis toutes les deux m'assurèrent

1. Nom que se donnaient les Bohémiens venus de Flandre. *Roma* ne signifie pas « Rome », mais la nation des *Romi* (les Bohémiens).
2. Longue cape.
3. De Valence.
4. Sirop rafraîchissant au goût d'amande.
5. Médecin de l'armée.
6. Qui font dormir.
7. Une des langues des Bohémiens.

que je serais guéri avant peu, mais qu'il fallait quitter Séville le plus tôt possible ; car, si l'on m'y attrapait, j'y serais fusillé sans rémission[8]. « Mon garçon, me dit Carmen, il faut que tu fasses quelque chose ; maintenant que le roi ne te donne plus ni riz ni merluche[9], il faut que tu songes à gagner ta vie. Tu es trop bête pour voler *a pastesas*[10], mais tu es leste[11] et fort : si tu as du cœur, va-t-en à la côte, et fais-toi contrebandier. Ne t'ai-je pas promis de te faire pendre ? Cela vaut mieux que d'être fusillé. D'ailleurs, si tu sais t'y prendre, tu vivras comme un prince, aussi longtemps que les miñons[12] et les garde-côtes ne te mettront pas la main sur le collet. »

Ce fut de cette façon engageante que cette diable de fille me montra la nouvelle carrière qu'elle me destinait, la seule, à vrai dire, qui me restât, maintenant que j'avais encouru la peine de mort. Vous le dirai-je, monsieur ? elle me détermina[13] sans beaucoup de peine. Il me semblait que je m'unissais à elle plus intimement par cette vie de hasards et de rébellion. Désormais je crus m'assurer son amour. J'avais entendu souvent parler de quelques contrebandiers qui parcouraient l'Andalousie, montés sur un bon cheval, l'espingole au poing, leur maîtresse en croupe. Je me voyais déjà trottant par monts et par vaux avec la gentille bohémienne derrière moi. Quand je lui parlai de cela, elle riait à se tenir les côtés, et me disait qu'il n'y a rien de si beau qu'une nuit passée au bivouac[14], lorsque chaque *rom* se retire avec sa *romi* sous sa petite tente formée de trois cerceaux, avec une couverture par-dessus.

8. Sans délai.
9. Poisson séché.
10. À la tire (avec adresse, sans violence).
11. Agile.
12. Troupes chargées de la surveillance des frontières.
13. Décida.
14. Campement.

« Si je tiens jamais dans la montagne, lui disais-je, je serai sûr de toi ! Là, il n'y a pas de lieutenant pour partager avec moi.

– Ah ! tu es jaloux, répondait-elle. Tant pis pour toi. Comment es-tu assez bête pour cela ? Ne vois-tu pas que je t'aime, puisque je ne t'ai jamais demandé d'argent ? »

Lorsqu'elle parlait ainsi, j'avais envie de l'étrangler.

Pour le faire court, monsieur, Carmen me procura un habit bourgeois[1], avec lequel je sortis de Séville sans être reconnu. J'allai à Jerez avec une lettre de Pastia pour un marchand d'anisette chez qui se réunissaient des contrebandiers. On me présenta à ces gens-là, dont le chef, surnommé le Dancaïre, me reçut dans sa troupe. Nous partîmes pour Gaucin, où je retrouvai Carmen, qui m'y avait donné rendez-vous. Dans les expéditions, elle servait d'espion à nos gens, et de meilleur il n'y en eut jamais, Elle revenait de Gibraltar, et déjà elle avait arrangé avec un patron de navire l'embarquement de marchandises anglaises que nous devions recevoir sur la côte. Nous allâmes les attendre près d'Estepona, puis nous en cachâmes une partie dans la montagne ; chargés du reste, nous nous rendîmes à Ronda. Carmen nous y avait précédés. Ce fut elle encore qui nous indiqua le moment où nous entrerions en ville. Ce premier voyage et quelques autres après furent heureux. La vie de contrebandier me plaisait mieux que la vie de soldat ; je faisais des cadeaux à Carmen. J'avais de l'argent et une maîtresse. Je n'avais guère de remords, car, comme disent les bohémiens « Gale[2] avec plaisir ne démange pas ». Partout nous étions bien reçus ; mes compagnons me traitaient

1. Civil.
2. Maladie de la peau.

→ Du texte à l'image p. 34

La Grotte du chat

Manuel Barron y Carrillo,
huile sur toile (69 cm × 117 cm), 1860.

→ Du texte à l'image p. 64

La Gitane

Kees van Dongen,
huile sur toile
(100,2 cm × 81 cm),
1917-1918.

→ Du texte à l'image p. 98

La Mort du toréador

Pierre François Eugène Giraud,
huile sur toile (1,15 m × 1,51 m), 1869.

→ Du texte à l'image p. 112

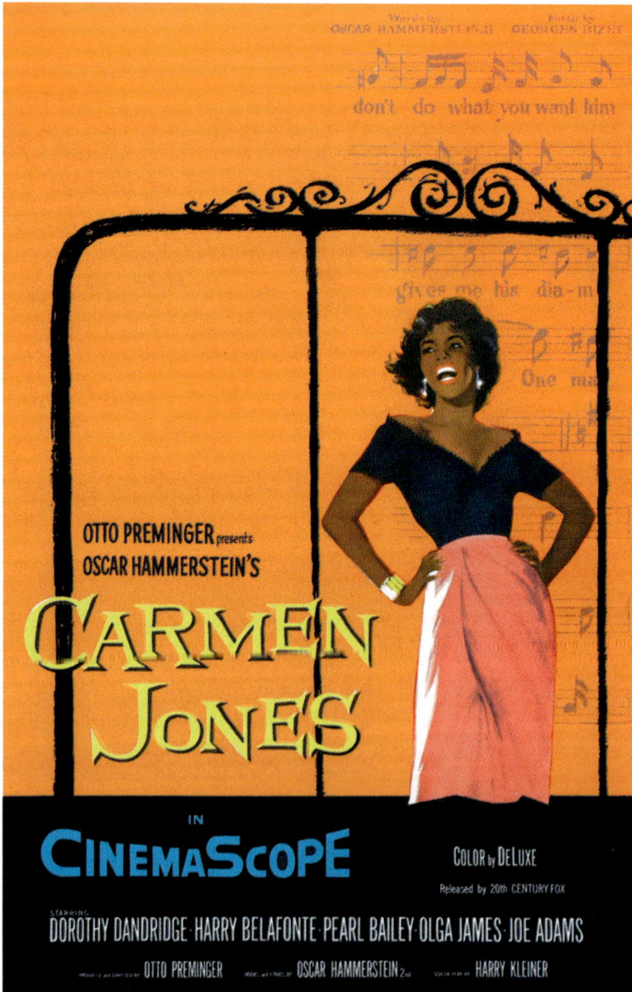

Affiche pour *Carmen Jones*

Film d'Otto Preminger réalisé en 1954, avec Dorothy Dandridge (Carmen).

bien, et même me témoignaient de la considération. La raison, c'était que j'avais tué un homme, et parmi eux il y en avait qui n'avaient pas un pareil exploit sur la conscience. Mais ce qui me touchait davantage dans ma nouvelle vie, c'est que je voyais souvent Carmen. Elle me montrait plus d'amitié que jamais ; cependant, devant les camarades, elle ne convenait pas qu'elle était ma maîtresse ; et même, elle m'avait fait jurer par toutes sortes de serments de ne rien leur dire sur son compte. J'étais si faible devant cette créature, que j'obéissais à tous ses caprices. D'ailleurs, c'était la première fois qu'elle se montrait à moi avec la réserve d'une honnête femme, et j'étais assez simple[3] pour croire qu'elle s'était véritablement corrigée de ses façons d'autrefois.

Notre troupe, qui se composait de huit ou dix hommes, ne se réunissait guère que dans les moments décisifs, et d'ordinaire nous étions dispersés deux à deux, trois à trois, dans les villes et les villages. Chacun de nous prétendait avoir un métier : celui-ci était chaudronnier, celui-là maquignon[4] ; moi, j'étais marchand de merceries, mais je ne me montrais guère dans les gros endroits[5], à cause de ma mauvaise affaire de Séville. Un jour, ou plutôt une nuit, notre rendez-vous était au bas de Véger[6]. Le Dancaïre et moi nous nous y trouvâmes avant les autres. Il paraissait fort gai. « Nous allons avoir un camarade de plus, me dit-il. Carmen vient de faire un de ses meilleurs tours. Elle vient de faire échapper son *rom* qui était au presidio[7] à Tarifa[8]. » Je commençais déjà à comprendre le bohémien, que parlaient presque tous mes camarades, et ce mot de *rom* me causa un

3. Naïf.
4. Marchand de bétail.
5. Villes importantes.
6. Vejer de la Frontera.
7. En prison.
8. Petite ville près de Gibraltar.

saisissement. « Comment ! son mari ! elle est donc mariée ? demandai-je au capitaine.

– Oui, répondit-il, à Garcia le Borgne, un bohémien aussi futé[1] qu'elle. Le pauvre garçon était aux galères. Carmen a si bien embobeliné[2] le chirurgien du presidio, qu'elle en a obtenu la liberté de son *rom*. Ah ! cette fille-là vaut son pesant d'or. Il y a deux ans qu'elle cherche à le faire évader. Rien n'a réussi, jusqu'à ce qu'on s'est avisé de changer le major. Avec celui-ci, il paraît qu'elle a trouvé bien vite le moyen de s'entendre. » Vous vous imaginez le plaisir que me fit cette nouvelle. Je vis bientôt Garcia le Borgne ; c'était bien le plus vilain monstre que la bohème ait nourri : noir de peau et plus noir d'âme, c'était le plus franc[3] scélérat que j'aie rencontré dans ma vie. Carmen vint avec lui ; et, lorsqu'elle l'appelait son *rom* devant moi, il fallait voir les yeux qu'elle me faisait, et ses grimaces quand Garcia tournait la tête. J'étais indigné, et je ne lui parlais pas de la nuit. Le matin nous avions fait nos ballots, et nous étions déjà en route, quand nous nous aperçûmes qu'une douzaine de cavaliers étaient à nos trousses[4]. Les fanfarons Andalous, qui ne parlaient que de tout massacrer, firent aussitôt piteuse mine. Ce fut un sauve-qui-peut général. Le Dancaïre, Garcia, un joli garçon d'Ecija, qui s'appelait le Remendado[5], et Carmen ne perdirent pas la tête. Le reste avait abandonné les mulets, et s'était jeté dans les ravins où les chevaux ne pouvaient les suivre. Nous ne pouvions conserver nos bêtes, et nous nous hâtâmes[6] de défaire le meilleur de notre butin, et de le charger sur nos épaules, puis nous essayâmes de nous sauver au travers des

1. Malin.
2. Séduit.
3. Parfait.
4. Nous poursuivaient.
5. Littéralement « le Raccommodé ».
6. Nous nous dépêchâmes.

Garcia-le-Borgne (Lucien Coëdel), dans le film de Christian-Jaque, 1945.

rochers par les pentes les plus raides. Nous jetions nos ballots devant nous, et nous les suivions de notre mieux en glissant sur les talons. Pendant ce temps-là, l'ennemi nous canardait[1], c'était la première fois que j'entendais siffler les balles, et cela ne me fit pas grand-chose. Quand on est en vue d'une femme, il n'y a pas de mérite à se moquer de la mort. Nous nous échappâmes, excepté le pauvre Remendado, qui reçut un coup de feu dans les reins. Je jetai mon paquet, et j'essayai de le prendre. « Imbécile ! me cria Garcia, qu'avons-nous affaire d'une charogne[2] ? achève-le et ne perds pas les bas de coton. – Jette-le ! Jette-le », me criait Carmen. La fatigue m'obligea de le déposer un moment à l'abri d'un rocher. Garcia s'avança, et lui lâcha son espingole dans la tête. « Bien habile qui le reconnaîtrait maintenant », dit-il en regardant sa figure que douze balles avaient mise en morceaux. – Voilà, monsieur, la belle vie que j'ai menée. Le soir, nous nous trouvâmes dans un hallier[3], épuisés de fatigue, n'ayant rien à manger et ruinés par la perte de nos mulets. Que fit cet infernal Garcia ? il tira un paquet de cartes de sa poche, et se mit à jouer avec le Dancaïre à la lueur d'un feu qu'ils allumèrent. Pendant ce temps-là, moi, j'étais couché, regardant les étoiles, pensant au Remendado, et me disant que j'aimerais autant être à sa place. Carmen était accroupie près de moi, et de temps en temps elle faisait un roulement de castagnettes en chantonnant. Puis, s'approchant comme pour me parler à l'oreille, elle m'embrassa, presque malgré moi, deux ou trois fois. « Tu es le diable, lui disais-je. – Oui », me répondait-elle.

1. Tirait dessus.
2. D'un cadavre.
3. Fourré touffu.

Après quelques heures de repos, elle s'en fut à Gaucin, et le lendemain matin un petit chevrier[4] vint nous porter du pain. Nous demeurâmes là tout le jour, et la nuit nous nous rapprochâmes de Gaucin. Nous attendions des nouvelles de Carmen. Rien ne venait. Au jour, nous voyons un muletier qui menait une femme bien habillée, avec un parasol, et une petite fille qui paraissait sa domestique. Garcia nous dit : « Voilà deux mules et deux femmes que saint Nicolas nous envoie ; j'aimerais mieux quatre mules ; n'importe, j'en fais mon affaire ! » Il prit son espingole et descendit vers le sentier en se cachant dans les broussailles. Nous le suivions, le Dancaïre et moi, à peu de distance. Quand nous fûmes à portée, nous nous montrâmes, et nous criâmes au muletier de s'arrêter. La femme, en nous voyant, au lieu de s'effrayer, et notre toilette aurait suffi pour cela, fait un grand éclat de rire. « Ah ! les *lillipendi*[5] qui me prennent pour une *erani*[6] ! » C'était Carmen, mais si bien déguisée, que je ne l'aurais pas reconnue parlant une autre langue. Elle sauta en bas de sa mule, et causa quelque temps à voix basse avec le Dancaïre et Garcia, puis elle me dit : Canari, nous nous reverrons avant que tu sois pendu. Je vais à Gibraltar pour les affaires d'Égypte[7]. Vous entendrez bientôt parler de moi. – Nous nous séparâmes après qu'elle nous eut indiqué un lieu où nous pourrions trouver un abri pour quelques jours. Cette fille était la providence de notre troupe. Nous reçûmes bientôt quelque argent qu'elle nous envoya, et un avis qui valait mieux pour nous : c'était que tel jour partiraient deux milords anglais, allant de Gibraltar à Grenade par tel chemin. À bon entendeur,

4. Gardien d'un troupeau de chèvres.
5. Imbéciles.
6. Femme bien née.
7. Des Bohémiens.

salut. Ils avaient de belles et bonnes guinées[1]. Garcia voulait les tuer, mais le Dancaïre et moi nous nous y opposâmes. Nous ne leur prîmes que l'argent et les montres, outre les chemises, dont nous avions grand besoin.

Monsieur, on devient coquin sans y penser. Une jolie fille vous fait perdre la tête, on se bat pour elle, un malheur arrive, il faut vivre à la montagne, et de contrebandier on devient voleur avant d'avoir réfléchi. Nous jugeâmes qu'il ne faisait pas bon pour nous dans les environs de Gibraltar après l'affaire des milords, et nous nous enfonçâmes dans la sierra de Ronda. – Vous m'avez parlé de José-Maria ; tenez, c'est là que j'ai fait connaissance avec lui. Il menait sa maîtresse dans ses expéditions. C'était une jolie fille, sage, modeste, de bonnes manières ; jamais un mot malhonnête, et un dévouement !… En revanche, il la rendait bien malheureuse. Il était toujours à courir après toutes les filles, il la malmenait, puis quelquefois il s'avisait de faire le jaloux. Une fois, il lui donna un coup de couteau. Eh bien, elle ne l'en aimait que davantage. Les femmes sont ainsi faites, les Andalouses surtout. Celle-là était fière de la cicatrice qu'elle avait au bras, et la montrait comme la plus belle chose du monde. Et puis José-Maria, par-dessus le marché, était le plus mauvais camarade !… Dans une expédition que nous fîmes, il s'arrangea si bien, que tout le profit lui en demeura, à nous les coups et l'embarras[2] de l'affaire. Mais je reprends mon histoire. Nous n'entendions plus parler de Carmen. Le Dancaïre dit : « Il faut qu'un de nous aille à Gibraltar pour en avoir des nouvelles ; elle doit avoir préparé quelque affaire. J'irais bien, mais je

1. Monnaie anglaise.
2. Les inconvénients.

suis trop connu à Gibraltar. » Le borgne dit : « Moi aussi, on m'y connaît, j'y ai fait tant de farces aux Écrevisses[3] ! et, comme je n'ai qu'un œil, je suis difficile à déguiser. – Il faut donc que j'y aille ? dis-je à mon tour, enchanté à la seule idée de revoir Carmen ; voyons, que faut-il faire ? » Les autres me dirent : « Fais tant que[4] de t'embarquer ou de passer par Saint-Roc[5], comme tu aimeras le mieux, et, lorsque tu seras à Gibraltar, demande sur le port où demeure une marchande de chocolat qui s'appelle la Rollona ; quand tu l'auras trouvée, tu sauras d'elle ce qui se passe là-bas. » Il fut convenu que nous partirions tous les trois pour la sierra de Gaucin, que j'y laisserais mes deux compagnons, et que je me rendrais à Gibraltar comme un marchand de fruits. À Ronda, un homme qui était à nous m'avait procuré un passeport ; à Gaucin, on me donna un âne : je le chargeai d'oranges et de melons, et je me mis en route. Arrivé à Gibraltar, je trouvai qu'on y connaissait bien la Rollona, mais elle était morte ou elle était allée à *finibus terræ*[6], et sa disparition expliquait, à mon avis, comment nous avions perdu notre moyen de correspondre avec Carmen. Je mis mon âne dans une écurie, et, prenant mes oranges, j'allais par la ville comme pour les vendre, mais, en effet[7], pour voir si je ne rencontrerais pas quelque figure de connaissance. Il y a là force canaille de tous les pays du monde, et c'est la tour de Babel, car on ne saurait faire dix pas dans une rue sans entendre parler autant de langues. Je voyais bien des gens d'Égypte, mais je n'osais guère m'y fier ; je les tâtais[8], et ils me tâtaient. Nous devinions bien que nous étions des coquins ; l'important était de savoir si nous étions de la

La tour de Babel

Mythe biblique (*Genèse*, 11 ; 1 à 10) : pour châtier les hommes qui, par orgueil, avaient voulu construire une tour dont le sommet touche le ciel, Dieu les punit en les dispersant sur toute la terre. Ce mythe explique ainsi la multiplicité des langues. ■

3. Nom donné par les Espagnols aux troupes anglaises qui portaient un uniforme rouge.
4. Fais en sorte.
5. San Roque était une des plaques tournantes de la contrebande.
6. Note de Mérimée : « aux galères ou bien à tous les diables » (En fait, expression latine qui signifie « aux confins de la terre »).
7. En réalité.
8. J'essayais de deviner leurs intentions.

même bande. Après deux jours passés en courses inutiles, je n'avais rien appris touchant la Rollona ni Carmen, et je pensais à retourner auprès de mes camarades après avoir fait quelques emplettes[1], lorsqu'en me promenant dans une rue, au coucher du soleil, j'entends une voix de femme d'une fenêtre qui me dit : « Marchand d'oranges !… » Je lève la tête, et je vois à un balcon Carmen, accoudée avec un officier en rouge, épaulettes d'or, cheveux frisés, tournure d'un gros mylord[2]. Pour elle, elle était habillée superbement : un châle sur ses épaules, un peigne d'or, toute en soie ; et la bonne pièce[3], toujours la même ! riait à se tenir les côtes. L'Anglais, en baragouinant[4] l'espagnol me cria de monter, que madame voulait des oranges ; et Carmen me dit en basque : « Monte, et ne t'étonne de rien. » Rien, en effet, ne devait m'étonner de sa part. Je ne sais si j'eus plus de joie que de chagrin en la retrouvant. Il y avait à la porte un grand domestique anglais, poudré, qui me conduisit dans un salon magnifique. Carmen me dit aussitôt en basque : « Tu ne sais pas un mot d'espagnol, tu ne me connais pas. » Puis, se tournant vers l'Anglais : « Je vous le disais bien, je l'ai tout de suite reconnu pour un Basque ; vous allez entendre quelle drôle de langue. Comme il a l'air bête, n'est-ce pas ? On dirait un chat surpris dans un garde-manger. – Et toi, lui dis-je dans ma langue, tu as l'air d'une effrontée coquine, et j'ai bien envie de te balafrer la figure devant ton galant. – Mon galant ! dit-elle, tiens, tu as deviné cela tout seul ? Et tu es jaloux de cet imbécile-là ? Tu es encore plus niais qu'avant nos soirées de la rue du Candilejo. Ne vois-tu pas, sot que tu es, que je fais en ce moment les affaires

1. Achats.
2. Noble anglais.
3. Cette fille chanceuse.
4. Parlant mal.

d'Égypte, et de la façon la plus brillante. Cette maison est à moi, les guinées de l'écrevisse seront à moi ; je le mène par le bout du nez ; je le mènerai d'où il ne sortira jamais.

– Et moi, lui dis-je, si tu fais encore les affaires d'Égypte de cette manière-là, je ferai si bien que tu ne recommenceras plus.

– Ah ! oui-dà[5] ! Es-tu mon *rom*, pour me commander ? Le Borgne le trouve bon, qu'as-tu à y voir ? Ne devrais-tu pas être bien content d'être le seul qui se puisse dire mon *minchorrò*[6] ?

– Qu'est-ce qu'il dit ? demanda l'Anglais.

– Il dit qu'il a soif et qu'il boirait bien un coup », répondit Carmen. Et elle se renversa sur un canapé en éclatant de rire à sa traduction.

Monsieur, quand cette fille-là riait, il n'y avait pas moyen de parler raison. Tout le monde riait avec elle. Ce grand Anglais se mit à rire aussi, comme un imbécile qu'il était, et ordonna qu'on m'apportât à boire.

Pendant que je buvais : « Vois-tu cette bague qu'il a au doigt ? dit-elle ; si tu veux, je te la donnerai. »

Moi je répondis : « Je donnerais un doigt pour tenir ton mylord dans la montagne, chacun un maquila au poing.

– Maquila[7], qu'est-ce que cela veut dire ? demanda l'Anglais.

– Maquila, dit Carmen riant toujours, c'est une orange. N'est-ce pas un bien drôle de mot pour une orange ? Il dit qu'il voudrait vous faire manger du maquila.

– Oui ? dit l'Anglais. Eh bien ! apporte encore demain du maquila. » Pendant que nous parlions, le domestique

? A votre Avis

« Le Borgne » est-il :

- ❑ le chef de la troupe ?
- ❑ le mari de Carmen ?
- ❑ le Dancaïre ?

5. Bien sûr !
6. Caprice.
7. Le bâton ferré des Basques.

entra et dit que le dîner était prêt. Alors l'Anglais se leva, me donna une piastre, et offrit son bras à Carmen, comme si elle ne pouvait pas marcher seule. Carmen, riant toujours, me dit : « Mon garçon, je ne puis t'inviter à dîner ; mais demain, dès que tu entendras le tambour pour la parade[1], viens ici avec des oranges. Tu trouveras une chambre mieux meublée que celle de la rue du Candilejo, et tu verras si je suis toujours ta Carmencita. Et puis nous parlerons des affaires d'Égypte. » Je ne répondis rien, et j'étais dans la rue que l'Anglais me criait : « Apportez demain du maquila ! » et j'entendais les éclats de rire de Carmen.

Je sortis ne sachant ce que je ferais, je ne dormis guère, et le matin je me trouvais si en colère contre cette traîtresse, que j'avais résolu de partir de Gibraltar sans la revoir ; mais, au premier roulement de tambour, tout mon courage m'abandonna : je pris ma natte[2] d'oranges et je courus chez Carmen. Sa jalousie[3] était entrouverte, et je vis son grand œil noir qui me guettait. Le domestique poudré m'introduisit aussitôt ; Carmen lui donna une commission, et dès que nous fûmes seuls, elle partit d'un de ses éclats de rire de crocodile, et se jeta à mon cou. Je ne l'avais jamais vue si belle. Parée comme une madone, parfumée… des meubles de soie, des rideaux brodés… ah !… et moi fait comme un voleur, que j'étais. « Minchorrò ! disait Carmen, j'ai envie de tout casser ici, de mettre le feu à la maison, et de m'enfuir à la sierra. » Et c'étaient des tendresses !… et puis des rires !… et elle dansait, et elle déchirait ses falbalas[4] : jamais singe ne fit plus de gambades, de grimaces, de diableries. Quand elle

1. Le défilé militaire.
2. Tissu contenant les oranges.
3. Volet qui permet de voir sans être vu.
4. Beaux habits.

eut repris son sérieux : « Écoute, me dit-elle, il s'agit de l'Égypte. Je veux qu'il me mène à Ronda, où j'ai une sœur religieuse… (Ici nouveaux éclats de rire.) Nous passons par un endroit que je te ferai dire. Vous tombez sur lui : pillé rasibus[5] ! Le mieux serait de l'escoffier[6] ; mais, ajouta-t-elle avec un sourire diabolique qu'elle avait dans de certains moments, et ce sourire-là, personne n'avait alors envie de l'imiter, – sais-tu ce qu'il faudrait faire ? Que le Borgne paraisse le premier. Tenez-vous un peu en arrière ; l'écrevisse est brave et adroit : il a de bons pistolets… Comprends-tu ?… » Elle s'interrompit par un nouvel éclat de rire qui me fit frissonner.

« Non, lui dis-je : je hais Garcia, mais c'est mon camarade. Un jour peut être je t'en débarrasserai, mais nous réglerons nos comptes à la façon de mon pays. Je ne suis Égyptien que par hasard ; et, pour certaines choses, je serai toujours franc Navarrais, comme dit le proverbe. »

Elle reprit : « Tu es une bête, un niais, un vrai *payllo*. Tu es comme le nain qui se croit grand quand il a pu cracher loin[7]. Tu ne m'aimes pas, va-t'en. »

Quand elle me disait : « Va-t'en », je ne pouvais m'en aller. Je promis de partir, de retourner auprès de mes camarades et d'attendre l'Anglais ; de son côté, elle me promit d'être malade jusqu'au moment de quitter Gibraltar pour Ronda. Je demeurai encore deux jours à Gibraltar. Elle eut l'audace de me venir voir déguisée dans mon auberge. Je partis ; moi aussi j'avais mon projet. Je retournai à notre rendez-vous, sachant le lieu et l'heure où l'Anglais et Carmen devaient passer. Je trouvai le Dancaïre et Garcia qui m'attendaient. Nous passâmes la nuit dans

5. Complètement (latin de fantaisie).
6. Assassiner (argot de voleur).
7. Proverbe bohémien.

un bois auprès d'un feu de pommes de pin qui flambait à merveille. Je proposai à Garcia de jouer aux cartes. Il accepta. À la seconde partie, je lui dis qu'il trichait ; il se mit à rire. Je lui jetai les cartes à la figure. Il voulut prendre son espingole ; je mis le pied dessus, et je lui dis : « On dit que tu sais jouer du couteau comme le meilleur jacque[1] de Málaga, veux-tu t'essayer avec moi ? » Le Dancaïre voulut nous séparer. J'avais donné deux ou trois coups de poing à Garcia. La colère l'avait rendu brave ; il avait tiré son couteau, moi le mien. Nous dîmes tous deux au Dancaïre de nous laisser place libre et franc jeu. Il vit qu'il n'y avait pas moyen de nous arrêter, et il s'écarta. Garcia était déjà ployé en deux comme un chat prêt à s'élancer contre une souris. Il tenait son chapeau de la main gauche pour parer[2], son couteau en avant. C'est leur garde andalouse. Moi, je me mis à la navarraise, droit en face de lui, le bras gauche levé, la jambe gauche en avant, le couteau le long de la cuisse droite. Je me sentais plus fort qu'un géant. Il se lança sur moi comme un trait ; je tournai sur le pied gauche, et il ne trouva plus rien devant lui ; mais je l'atteignis à la gorge, et le couteau entra si avant, que ma main était sous son menton. Je retournai la lame si fort qu'elle se cassa. C'était fini. La lame sortit de la plaie lancée par un bouillon de sang gros comme le bras. Il tomba sur le nez raide comme un pieu. « Qu'as-tu fait ? me dit le Dancaïre. – Écoute, lui dis-je : nous ne pouvions vivre ensemble. J'aime Carmen, et je veux être seul. D'ailleurs, Garcia était un coquin, et je me rappelle ce qu'il a fait au pauvre Remendado. Nous ne sommes plus que deux, mais nous sommes de bons

1. Vantard, fanfaron.
2. Se protéger des coups.

garçons. Voyons, veux-tu de moi pour ami, à la vie à la mort ? » Le Dancaïre me tendit la main. C'était un homme de cinquante ans. « Au diable les amourettes ! s'écria-t-il. Si tu lui avais demandé Carmen, il te l'aurait vendue pour une piastre. Nous ne sommes plus que deux, comment ferons-nous demain ? – Laisse-moi faire tout seul, lui répondis-je. Maintenant je me moque du monde entier. »

Nous enterrâmes Garcia, et nous allâmes placer notre camp deux cents pas plus loin. Le lendemain, Carmen et son Anglais passèrent avec deux muletiers et un domestique. Je dis au Dancaïre : « Je me charge de l'Anglais. Fais peur aux autres, ils ne sont pas armés. » L'Anglais avait du cœur. Si Carmen ne lui eût poussé le bras, il me tuait. Bref, je reconquis Carmen ce jour-là, et mon premier mot fut de lui dire qu'elle était veuve. Quand elle sut comment cela s'était passé : « Tu seras toujours un *lillipendi* ! me dit-elle. Garcia devait te tuer. Ta garde navarraise n'est qu'une bêtise, et il en a mis à l'ombre de plus habiles que toi. C'est que son temps était venu. Le tien viendra. – Et le tien, répondis-je, si tu n'es pas pour moi une vraie *romi*. – À la bonne heure, dit-elle ; j'ai vu plus d'une fois dans du marc du café[3] que nous devions finir ensemble. Bah ! arrive qui plante[4]. » Et elle fit claquer ses castagnettes, ce qu'elle faisait toujours quand elle voulait chasser quelque idée importune[5].

On s'oublie quand on parle de soi. Tous ces détails-là vous ennuient sans doute, mais j'ai bientôt fini. La vie que nous menions dura assez longtemps. Le Dancaïre et moi nous nous étions associé quelques camarades plus

3. Façon de prédire l'avenir.
4. « On verra bien ».
5. Désagréable.

sûrs que les premiers, et nous nous occupions de contrebande, et aussi parfois, il faut bien l'avouer, nous arrêtions[1] sur la grande route, mais à la dernière extrémité[2], et lorsque nous ne pouvions faire autrement. D'ailleurs, nous ne maltraitions pas les voyageurs, et nous nous bornions[3] à leur prendre leur argent. Pendant quelques mois, je fus content de Carmen ; elle continuait à nous être utile pour nos opérations, en nous avertissant des bons coups que nous pourrions faire. Elle se tenait, soit à Málaga, soit à Cordoue, soit à Grenade ; mais, sur un mot de moi, elle quittait tout, et venait me retrouver dans une venta[4] isolée, ou même au bivouac. Une fois seulement, c'était à Málaga, elle me donna quelque inquiétude. Je sus qu'elle avait jeté son dévolu sur un négociant[5] fort riche, avec lequel probablement elle se proposait de recommencer la plaisanterie de Gibraltar. Malgré tout ce que le Dancaïre put me dire pour m'arrêter, je partis, et j'entrai dans Málaga en plein jour. Je cherchai Carmen, et je l'emmenai aussitôt. Nous eûmes une verte[6] explication. « Sais-tu, me dit-elle, que, depuis que tu es mon *rom* pour tout de bon, je t'aime moins que lorsque tu étais mon minchorrò ? Je ne veux pas être tourmentée, ni surtout commandée. Ce que je veux, c'est être libre et faire ce qui me plaît. Prends garde de me pousser à bout. Si tu m'ennuies, je trouverai quelque bon garçon qui te fera comme tu as fait au borgne. » Le Dancaïre nous raccommoda[7] ; mais nous nous étions dit des choses qui nous restaient sur le cœur, et nous n'étions plus comme auparavant. Peu après, un malheur nous arriva. La troupe[8] nous surprit. Le Dancaïre fut tué, ainsi que deux de mes camarades ; deux autres furent pris.

1. Arrêtions des voyageurs pour les dépouiller.
2. Quand nous n'avions plus d'autre moyen de subsistance.
3. Limitions.
4. Auberge.
5. Commerçant.
6. Vive.
7. Réconcilia.
8. Une troupe de soldats.

Moi, je fus grièvement blessé, et, sans mon bon cheval, je demeurais entre les mains des soldats. Exténué de fatigue, ayant une balle dans le corps, j'allai me cacher dans un bois avec le seul compagnon qui me restât. Je m'évanouis en descendant de cheval, et je crus que j'allais crever dans les broussailles comme un lièvre qui a reçu du plomb. Mon camarade me porta dans une grotte que nous connaissions, puis il alla chercher Carmen. Elle était à Grenade, et aussitôt elle accourut. Pendant quinze jours, elle ne me quitta pas d'un instant. Elle ne ferma pas l'œil ; elle me soigna avec une adresse et des attentions que jamais femme n'a eues pour l'homme le plus aimé. Dès que je pus me tenir sur mes jambes, elle me mena à Grenade dans le plus grand secret. Les bohémiennes trouvent partout des asiles sûrs, et je passai plus de six semaines dans une maison, à deux portes du corrégidor[9] qui me cherchait. Plus d'une fois, regardant derrière un volet, je le vis passer. Enfin je me rétablis ; mais j'avais fait bien des réflexions sur mon lit de douleur, et je projetais de changer de vie. Je parlai à Carmen de quitter l'Espagne, et de chercher à vivre honnêtement dans le Nouveau-Monde. Elle se moqua de moi. « Nous ne sommes pas faits pour planter des choux, dit-elle ; notre destin, à nous c'est de vivre aux dépens des payllos. Tiens, j'ai arrangé une affaire avec Nathan Ben-Joseph de Gibraltar. Il a des cotonnades qui n'attendent que toi pour passer. Il sait que tu es vivant. Il compte sur toi. Que diraient nos correspondants de Gibraltar, si tu leur manquais de parole ? » Je me laissai entraîner, et je repris mon vilain commerce.

9. Magistrat.

Pendant que j'étais caché à Grenade, il y eut des courses de taureaux où Carmen alla. En revenant, elle parla beaucoup d'un picador très adroit nommé Lucas. Elle savait le nom de son cheval, et combien lui coûtait sa veste brodée. Je n'y fis pas attention. Juanito, le camarade qui m'était resté, me dit, quelques jours après, qu'il avait vu Carmen avec Lucas chez un marchand du Zacatín[1]. Cela commença à m'alarmer. Je demandai à Carmen comment et pourquoi elle avait fait connaissance avec le picador. « C'est un garçon, me dit-elle, avec qui on peut faire une affaire. Rivière qui fait du bruit, a de l'eau ou des cailloux[2]. Il a gagné 1 200 réaux[3] aux courses. De deux choses l'une : ou bien il faut avoir cet argent ; ou bien, comme c'est un bon cavalier et un gaillard de cœur, on peut l'enrôler dans notre bande. Un tel et un tel sont morts, tu as besoin de les remplacer. Prends-le avec toi.

– Je ne veux, répondis-je, ni de son argent, ni de sa personne, et je te défends de lui parler. – Prends garde, me dit-elle ; lorsqu'on me défie de faire une chose, elle est bientôt faite ! » Heureusement, le picador partit pour Málaga, et moi, je me mis en devoir de faire entrer[4] les cotonnades du juif. J'eus fort à faire dans cette expédition-là, Carmen aussi, et j'oubliai Lucas ; peut-être aussi l'oublia-t-elle, pour le moment du moins. C'est vers ce temps, monsieur, que je vous rencontrai, d'abord près de Montilla, puis après à Cordoue. Je ne vous parlerai pas de notre dernière entrevue. Vous en savez peut-être plus long que moi. Carmen vous vola votre montre ; elle voulait encore votre argent, et surtout cette bague que je vois à votre doigt, et qui, dit-elle, est un anneau magique qu'il

1. Rue très animée de Grenade.
2. Note de Mérimée : « proverbe bohémien ».
3. Monnaie espagnole.
4. Passer en contrebande.

lui importait beaucoup de posséder. Nous eûmes une violente dispute, et je la frappai. Elle pâlit et pleura. C'était la première fois que je la voyais pleurer, et cela me fit un effet terrible. Je lui demandai pardon, mais elle me bouda pendant tout un jour, et, quand je repartis pour Montilla, elle ne voulut pas m'embrasser. – J'avais le cœur gros, lorsque, trois jours après, elle vint me trouver l'air riant et gaie comme pinson. Tout était oublié, et nous avions l'air d'amoureux de deux jours. Au moment de nous séparer, elle me dit : « Il y a une fête à Cordoue, je vais la voir, puis je saurai les gens qui s'en vont avec de l'argent, et je te le dirai. » Je la laissai partir. Seul, je pensai à cette fête et à ce changement d'humeur de Carmen. « Il faut qu'elle se soit vengée déjà, me dis-je, puisqu'elle est revenue la première. » Un paysan me dit qu'il y avait des taureaux à Cordoue. Voilà mon sang qui bouillonne, et, comme un fou, je pars, et je vais à la place[5]. On me montra Lucas, et, sur le banc contre la barrière, je reconnus Carmen. Il me suffit de la voir une minute pour être sûr de mon fait. Lucas, au premier taureau, fit le joli cœur, comme je l'avais prévu. Il arracha la cocarde[6] du taureau et la porta à Carmen, qui s'en coiffa sur-le-champ. Le taureau se chargea de me venger. Lucas fut culbuté avec son cheval sur la poitrine, et le taureau par-dessus tous les deux. Je regardai Carmen, elle n'était déjà plus à sa place. Il m'était impossible de sortir de celle où j'étais, et je fus obligé d'attendre la fin des courses. Alors j'allai à la maison que vous connaissez, et je m'y tins coi[7] toute la soirée et une partie de la nuit. Vers deux heures du matin, Carmen revint, et fut un peu surprise de me voir. « Viens avec moi,

La corrida

Cette course de taureaux se termine toujours, en Espagne, par une mise à mort. Les picadors et cavaliers fatiguent la bête avec leurs piques. Les matadors sont chargés de poser des banderilles qui affaiblissent le taureau. Une corrida comporte trois phases : le tercio de pique (accompli par les picadors), le tercio de banderille (où intervient le matador) et le tercio de mise à mort (coup fatal porté par le matador à l'épée). ■

5. Aux arènes.
6. Nœud de ruban accroché au cou du taureau, que le matador offrait à une femme en signe d'amour.
7. Tranquille.

? A votre Avis

Quel est le destin de Lucas ?

- ❑ Il s'enfuit avec Carmen.
- ❑ Il est tué par Don José.
- ❑ Il est blessé dans une corrida.

lui dis-je. – Eh bien ! dit-elle, partons ! » J'allai prendre mon cheval, je la mis en croupe[1], et nous marchâmes tout le reste de la nuit sans nous dire un seul mot. Nous nous arrêtâmes au jour dans une venta isolée, assez près d'un petit ermitage[2]. Là je dis à Carmen :

« Écoute, j'oublie tout. Je ne te parlerai de rien ; mais jure-moi une chose : c'est que tu vas me suivre en Amérique, et que tu t'y tiendras tranquille.

– Non, dit-elle d'un ton boudeur, je ne veux pas aller en Amérique. Je me trouve bien ici.

– C'est parce que tu es près de Lucas ; mais songes-y bien, s'il guérit, ce ne sera pas pour faire de vieux os. Au reste, pourquoi m'en prendre à lui ? Je suis las[3] de tuer tous tes amants ; c'est toi que je tuerai. »

Elle me regarda fixement de son regard sauvage, et me dit :

« J'ai toujours pensé que tu me tuerais. La première fois que je t'ai vu, je venais de rencontrer un prêtre à la porte de ma maison. Et cette nuit, en sortant de Cordoue, n'as-tu rien vu ? Un lièvre a traversé le chemin entre les pieds de ton cheval[4]. C'est écrit.

– Carmencita[5], lui demandais-je, est-ce que tu ne m'aimes plus ? »

Elle ne répondait rien. Elle était assise les jambes croisées sur une natte et faisait des traits par terre avec son doigt.

« Changeons de vie, Carmen, lui dis-je d'un ton suppliant. Allons vivre quelque part où nous ne serons jamais séparés. Tu sais que nous avons, pas loin d'ici, sous un chêne, cent vingt onces[6] enterrées... Puis, nous avons des fonds encore chez le juif Ben-Joseph. »

1. Derrière moi.
2. Lieu isolé où vivent des religieux.
3. Fatigué.
4. Signe de mauvais augure.
5. Diminutif affectueux de Carmen.
6. Ancienne monnaie d'or espagnole.

Elle se mit à sourire, et me dit :

« Moi d'abord, toi ensuite. Je sais bien que cela doit arriver ainsi.

– Réfléchis, repris-je ; je suis au bout de ma patience et de mon courage ; prends ton parti[7] ou je prendrai le mien. » Je la quittai et j'allai me promener du côté de l'ermitage. Je trouvai l'ermite qui priait. J'attendis que sa prière fût finie ; j'aurais bien voulu prier, mais je ne pouvais pas. Quand il se releva, j'allai à lui. « Mon père, lui dis-je, voulez-vous prier pour quelqu'un qui est en grand péril ?

– Je prie pour tous les affligés[8], dit-il.

– Pouvez-vous dire une messe pour une âme qui va peut-être paraître devant son Créateur ?

– Oui », répondit-il en me regardant fixement. Et, comme il y avait dans mon air quelque chose d'étrange, il voulut me faire parler :

« Il me semble que je vous ai vu, dit-il.

Je mis une piastre sur son banc.

– Quand direz-vous la messe ? lui demandai-je.

– Dans une demi-heure. Le fils de l'aubergiste de là-bas va venir la servir[9]. Dites-moi, jeune homme, n'avez-vous pas quelque chose sur la conscience qui vous tourmente ? voulez-vous écouter les conseils d'un chrétien ? »

Je me sentais près de pleurer. Je lui dis que je reviendrais, et je me sauvai. J'allai me coucher sur l'herbe jusqu'à ce que j'entendisse la cloche. Alors je m'approchai, mais je restai en dehors de la chapelle. Quand la messe fut dite, je retournai à la venta. J'espérais presque que Carmen se serait enfuie ; elle aurait pu prendre mon cheval et se

? A votre Avis

Pourquoi Don José espère-t-il que Carmen s'est enfuie ?

- ❑ Il ne l'aime plus.
- ❑ Il a peur de devoir la tuer.
- ❑ Il a peur qu'elle le tue.

7. Fais ton choix.
8. Gens accablés par le malheur.
9. L'enfant de chœur assiste le prêtre catholique pendant la messe.

La divination par le plomb

Le plomb était le métal associé à Saturne : les Anciens lui prêtaient une influence néfaste ; il annonçait les malheurs. En plongeant dans l'eau froide du plomb en fusion, les Anciens cherchaient à interpréter les bruits et les formes ainsi produits. Au XIXe siècle, le jour de la fête des Rois, les jeunes filles à marier cherchaient, de la même manière, à deviner, le métier de leur futur mari. ■

sauver… mais je la retrouvai. Elle ne voulait pas qu'on pût dire que je lui avais fait peur. Pendant mon absence, elle avait défait l'ourlet de sa robe pour en retirer le plomb[1]. Maintenant elle était devant une table, regardant dans une terrine pleine d'eau le plomb qu'elle avait fait fondre, et qu'elle venait d'y jeter. Elle était si occupée de sa magie qu'elle ne s'aperçut pas d'abord de mon retour. Tantôt elle prenait un morceau de plomb et le tournait de tous les côtés d'un air triste, tantôt elle chantait quelqu'une de ces chansons magiques où elles invoquent Marie Padilla, la maîtresse de don Pedro, qui fut, dit-on, la *Bari Crallisa*, ou la grande reine des bohémiens[2].

« Carmen, lui dis-je, voulez-vous venir avec moi ? »

Elle se leva, jeta sa sébile[3], et mit sa mantille sur sa tête comme prête à partir. On m'amena mon cheval, elle monta en croupe et nous nous éloignâmes.

« Ainsi, lui dis-je, ma Carmen, après un bout de chemin, tu veux bien me suivre n'est-ce pas ?

– Je te suis à la mort, oui, mais je ne vivrai plus avec toi. »

Nous étions dans une gorge solitaire ; j'arrêtai mon cheval. « Est-ce ici ? » dit elle, et d'un bond elle fut à terre. Elle ôta sa mantille, la jeta à ses pieds, et se tint immobile un poing sur la hanche, me regardant fixement.

« Tu veux me tuer, je le vois bien, dit-elle ; c'est écrit, mais tu ne me feras pas céder.

– Je t'en prie, lui dis-je, sois raisonnable. Écoute-moi ! Tout le passé est oublié. Pourtant, tu le sais, c'est toi qui m'as perdu ; c'est pour toi que je suis devenu un voleur et un meurtrier. Carmen ! ma Carmen ! laisse-moi te sauver et me sauver avec toi.

1. Un ourlet plombé empêchait la robe de se soulever.
2. On accusa cette bohémienne d'avoir ensorcelé le roi Don Pedre dont elle était la maîtresse. Après sa mort, le roi la fit proclamer reine dans son cercueil.
3. Petite coupe.

– José, répondit-elle, tu me demandes l'impossible. Je ne t'aime plus ; toi, tu m'aimes encore, et c'est pour cela que tu veux me tuer. Je pourrais bien encore te faire quelque mensonge ; mais je ne veux pas m'en donner la peine. Tout est fini entre nous. Comme mon *rom*, tu as le droit de tuer ta *romi* ; mais Carmen sera toujours libre. *Calli* elle est née, *calli* elle mourra.

– Tu aimes donc Lucas ? lui demandai-je.

– Oui, je l'ai aimé, comme toi, un instant, moins que toi peut-être. À présent, je n'aime plus rien, et je me hais pour t'avoir aimé. »

Je me jetai à ses pieds, je lui pris les mains, je les arrosai de mes larmes. Je lui rappelai tous les moments de bonheur que nous avions passés ensemble. Je lui offris de rester brigand pour lui plaire. Tout, monsieur, tout ! je lui offris tout, pourvu qu'elle voulût m'aimer encore !

Elle me dit : « T'aimer encore, c'est impossible. Vivre avec toi, je ne le veux pas. » La fureur me possédait. Je tirai mon couteau. J'aurais voulu qu'elle eût peur et me demandât grâce, mais, cette femme était un démon.

« Pour la dernière fois, m'écriai-je, veux-tu rester avec moi ?

– Non ! non ! non ! » dit-elle en frappant du pied, et elle tira de son doigt une bague que je lui avais donnée, et la jeta dans les broussailles.

Je la frappai deux fois. C'était le couteau du Borgne que j'avais pris, ayant cassé le mien. Elle tomba au second coup sans crier. Je crois encore voir son grand œil noir me regarder fixement ; puis il devint trouble et se ferma. Je restai anéanti une bonne heure devant ce cadavre.

Puis, je me rappelai que Carmen m'avait dit souvent qu'elle aimerait à être enterrée dans un bois. Je lui creusai une fosse avec mon couteau, et je l'y déposai. Je cherchai longtemps sa bague, et je la trouvai à la fin. Je la mis dans la fosse auprès d'elle, avec une petite croix. Peut-être ai-je eu tort. Ensuite je montai sur mon cheval, je galopai jusqu'à Cordoue, et au premier corps de garde[1] je me fis connaître. J'ai dit que j'avais tué Carmen ; mais je n'ai pas voulu dire où était son corps. L'ermite était un saint homme. Il a prié pour elle ! Il a dit une messe pour son âme… Pauvre enfant ! Ce sont les *Calé*[2] qui sont coupables pour l'avoir élevée ainsi.

1. Poste de garde.
2. Bohémiens.

pause lecture 3

Une fin dramatique

▶ Chapitre III (fin)

Don José, aventurier ou héros tragique ?

1 Qui est Garcia le Borgne ? VOIR ? PAGE 81

Une vie d'aventurier

2 Dans quelles villes don José se déplace-t-il tout au long du chapitre III ?

3 « Voilà, Monsieur, la belle vie que j'ai menée » déclare don José (l. 316). Comment faut-il comprendre cette phrase ? Comment s'appelle ce procédé d'écriture ?

La déchéance morale de don José

4 Quelles infractions don José commet-il successivement ?

5 Dans les lignes 137 à 148 et 542 à 562, par quels procédés d'écriture la violence est-elle soulignée (rythme des phrases, temps verbaux, vocabulaire…) ?

Le meurtre de Carmen

6 La valeur symbolique de la bague est-elle la même pour Carmen et pour don José ?

7 Don José est-il condamné par le lecteur, comme il est condamné par la justice des hommes ? Pour quelle raison ?

Une fin dramatique

Carmen, femme fatale ou victime ?

1 Quel est le destin de Lucas ? VOIR **?** PAGE 90

Une femme fatale

2 Faites la liste des amants de Carmen, sans compter don José. Quel est leur destin commun ?

3 Que fait Carmen pendant que don José va voir le prêtre ? Quels pouvoirs quasi magiques possède-t-elle ? À qui est-elle souvent comparée ?

4 Relevez les différentes phrases par lesquelles Carmen annonce à don José qu'il va mourir.

La liberté ou la mort

5 Relevez les moments où Carmen associe sa mort à celle de don José ? Que lui propose don José pour essayer de rompre cette fatalité ? Quelle est alors l'attitude de Carmen ?

6 Dans les lignes 618 à 624, relevez les différents types de phrases et reconstituez les différentes étapes du raisonnement de Carmen. Quelle valeur l'emporte pour elle sur toutes les autres ?

7 Dans quel état d'esprit Carmen affronte-t-elle la mort (l. 798 à 838) ? Quelle dernière image don José emporte-t-il de Carmen ?

Don José, maître du récit

1 Qu'espère don José après sa rencontre avec le prêtre ? VOIR ? PAGE 91

Un récit subjectif

2 Dans les lignes 364 à 367, à qui don José s'adresse-t-il ? Qui est désigné par le pronom « vous » ? Relevez une autre phrase qui s'adresse directement à son interlocuteur.

3 Dans le bref portrait que don José fait de Garcia le Borgne (l. 280 à 284), analysez le choix du vocabulaire et les procédés d'écriture. Quel est l'effet produit ?

Une tentative de justification

4 Don José ne cherche pas à cacher ses défauts.
Quels sont ceux qu'il souligne dans les lignes 193 à 243 ?

5 Comment atténue-t-il cependant sa responsabilité dans ce qui lui est arrivé ?

Un long monologue tragique

6 Repérez les différents dialogues entre don José et Carmen. Pour chacun d'eux, précisez le thème et le ton de la conversation. Que remarquez-vous ? Quel est le rôle de ces dialogues insérés dans le monologue de don José ?

7 En quel lieu et à quel moment de la journée la tragédie se dénoue-t-elle ?

8 Quels éléments créent une atmosphère tragique ?

Du texte à l'image

Observez le tableau → voir dossier images p. III

Eugène Giraud, *La Mort du toréador*, 1869.

1 Imaginez ce qui s'est passé avant la scène peinte et ce qui va arriver. À quel passage de *Carmen* ce tableau est-il directement lié ?

2 À quels éléments voit-on que la scène se déroule en Espagne ?

3 Identifiez les deux groupes de personnages ; indiquez leurs symétries et leurs contrastes (couleurs, lumière). Quel élément résume le pathétique de la scène ? Où est-il placé ?

À vous de jouer

Faites une enquête

La peine de mort en France et en Espagne : comment était-elle pratiquée ? Quand fut-elle abolie et par qui ?

Écrivez un article de journal

La gazette locale évoque le meurtre de Carmen. Écrivez cet article en rappelant les faits avec précision.

IV

L'ESPAGNE EST UN DES PAYS OÙ SE TROUVENT AUJOURD'HUI, en plus grand nombre encore, ces nomades dispersés dans toute l'Europe, et connus sous les noms de *Bohémiens*, *Gitanos*, *Gypsies*, *Zigeuner*, etc. La plupart demeurent, ou plutôt mènent une vie errante dans les provinces du Sud et de l'Est, en Andalousie, en Estramadure dans le royaume de Murcie ; il y en a beaucoup en Catalogne. Ces derniers passent souvent en France. On en rencontre dans toutes nos foires du Midi. D'ordinaire, les hommes exercent les métiers de maquignon[1], de vétérinaire et de tondeur de mulets ; ils y joignent l'industrie de raccommoder les poêlons et les instruments de cuivre, sans parler de la contrebande et autres pratiques illicites[2]. Les femmes disent la bonne aventure, mendient et vendent toutes sortes de drogues innocentes ou non.

Les caractères physiques des Bohémiens sont plus faciles à distinguer qu'à décrire, et lorsqu'on en a vu un seul, on reconnaîtrait entre mille un individu de cette race. La physionomie, l'expression, voilà surtout ce qui les sépare des peuples qui habitent le même pays. Leur teint est très basané, toujours plus foncé que celui des populations parmi lesquelles ils vivent. De là le nom de *Calé*, les noirs, par lequel ils se désignent souvent. Leurs yeux sensiblement obliques, bien fendus, très noirs, sont ombragés par des cils longs et épais. On ne peut comparer leur regard qu'à celui d'une bête fauve. L'audace et la timidité s'y peignent tout à la fois, et sous ce rapport leurs yeux révèlent assez

Les gens du voyage

Cette périphrase désigne un peuple de nomades venu d'Inde qui a migré (vers le Xe siècle) puis s'est partagé en deux groupes : vers le sud (Égypte) et vers le nord (Europe). Ils ont reçu, selon les pays, des dénominations différentes : *Roms* en Europe centrale, *Tziganes* en Grèce, *Manouches* en France, *Gitans* en Espagne, *Égyptiens* ou *Gypsies* en Égypte. En France où ils arrivent au XVe siècle, ils sont d'abord bien accueillis car ils ont obtenu la protection du roi de Bohème, d'où leur nom de « Bohémiens ». Puis la méfiance s'installe et ils sont marginalisés. ■

1. Marchands de bétail.
2. Illégales.

bien le caractère de la nation, rusée, hardie, mais craignant *naturellement les coups* comme Panurge[1]. Pour la plupart les hommes sont bien découplés[2], sveltes[3], agiles ; je ne crois pas en avoir jamais vu un seul chargé d'embonpoint. En Allemagne, les Bohémiennes sont souvent très jolies ; la beauté est fort rare parmi les Gitanas d'Espagne. Très jeunes elles peuvent passer pour des laiderons[4] agréables ; mais une fois qu'elles sont mères, elles deviennent repoussantes. La saleté des deux sexes est incroyable, et qui n'a pas vu les cheveux d'une matrone[5] bohémienne s'en fera difficilement une idée, même en se représentant les crins les plus rudes, les plus gras, les plus poudreux. Dans quelques grandes villes d'Andalousie, certaines jeunes filles, un peu plus agréables que les autres, prennent plus de soin de leur personne. Celles-là vont danser pour de l'argent, des danses qui ressemblent fort à celles que l'on interdit dans nos bals publics du carnaval. M. Borrow, missionnaire anglais, auteur de deux ouvrages fort intéressants sur les Bohémiens d'Espagne, qu'il avait entrepris de convertir, aux frais de la société Biblique, assure qu'il est sans exemple qu'une Gitana ait jamais eu quelque faiblesse pour un homme étranger à sa race. Il me semble qu'il y a beaucoup d'exagération dans les éloges qu'il accorde à leur chasteté[6]. D'abord, le plus grand nombre est dans le cas de la laide d'Ovide : *Casta quam nemo rogavit*[7]. Quant aux jolies, elles sont comme toutes les Espagnoles, difficiles dans le choix de leurs amants. Il faut leur plaire, il faut les mériter. M. Borrow cite comme preuve de leur vertu un trait qui fait honneur à la sienne, surtout à sa naïveté. Un homme immoral de

George Borrow

Écrivain anglais qui a publié, en 1840, *Les Zincalis*, un ouvrage dans lequel il étudie l'origine mystérieuse des Bohémiens, leurs conditions de vie misérables, leur histoire, leurs caractères physiques et moraux. Il adopte, avant même le développement de cette discipline, une démarche d'ethnologue. Son ouvrage se termine par un lexique de 150 pages du *romani*, la langue des Bohémiens. ■

1. Héros de Rabelais, compagnon rusé et sans scrupule de Pantagruel, mais qui craignait les coups.
2. Bien bâtis.
3. Minces.
4. Jeunes filles laides.
5. Mère de famille d'âge mûr.
6. Vertu.
7. « Est chaste celle que personne n'a sollicitée », Ovide, *Amours* (I, 8).

sa connaissance offrit, dit-il, inutilement plusieurs onces[8] à une jolie Gitana. Un Andalou, à qui je racontai cette anecdote, prétendit que cet homme immoral aurait eu plus de succès en montrant deux ou trois piastres, et qu'offrir des onces d'or à une Bohémienne, était un aussi mauvais moyen de persuader, que de promettre un million ou deux à une fille d'auberge. – Quoi qu'il en soit il est certain que les Gitanas montrent à leurs maris un dévouement extraordinaire. Il n'y a pas de danger ni de misères qu'elles ne bravent pour les secourir en leurs nécessités[9]. Un des noms que se donnent les Bohémiens, *romé* ou les *époux*, me paraît attester le respect de la race pour l'état de mariage. En général on peut dire que leur principale vertu est le patriotisme, si l'on peut ainsi appeler la fidélité qu'ils observent dans leurs relations avec les individus de même origine qu'eux, leur empressement à s'entraider, le secret inviolable qu'ils se gardent dans les affaires compromettantes. Au reste, dans toutes les associations mystérieuses[10] et en dehors des lois, on observe quelque chose de semblable.

J'ai visité, il y a quelques mois, une horde[11] de Bohémiens établis dans les Vosges. Dans la hutte d'une vieille femme, l'ancienne de sa tribu, il y avait un Bohémien étranger à sa famille, attaqué d'une maladie mortelle. Cet homme avait quitté un hôpital où il était bien soigné, pour aller mourir au milieu de ses compatriotes. Depuis treize semaines il était alité chez ses hôtes, et beaucoup mieux traité que les fils et les gendres qui vivaient dans la même maison. Il avait un bon lit de paille et de mousse avec des draps assez blancs, tandis que le reste de la

8. Grosses pièces d'or.
9. Malheurs.
10. Sociétés secrètes.
11. Troupe (terme péjoratif réservé aux animaux sauvages).

Gustave Doré, illustration pour *Voyage en Espagne*, 1862.

famille, au nombre de onze personnes, couchaient sur des planches longues de trois pieds. Voilà pour leur hospitalité. La même femme, si humaine pour son hôte, me disait devant le malade : *Singo, singo, homte hi mulo.* « Dans peu, dans peu, il faut qu'il meure. » Après tout, la vie de ces gens est si misérable, que l'annonce de la mort n'a rien d'effrayant pour eux.

Un trait remarquable du caractère des Bohémiens, c'est leur indifférence en matière de religion ; non qu'ils soient esprits forts[1] ou sceptiques[2]. Jamais ils n'ont fait profession d'athéisme. Loin de là, la religion du pays qu'ils habitent est la leur ; mais ils en changent en changeant de patrie. Les superstitions qui, chez les peuples grossiers remplacent les sentiments religieux, leur sont également étrangères. Le moyen, en effet, que des superstitions existent chez des gens qui vivent le plus souvent de la crédulité des autres. Cependant, j'ai remarqué chez les Bohémiens espagnols une horreur singulière pour le contact d'un cadavre. Il y en a peu qui consentiraient pour de l'argent à porter un mort au cimetière.

J'ai dit que la plupart des Bohémiennes se mêlaient de dire la bonne aventure. Elles s'en acquittent fort bien. Mais ce qui est pour elles une source de grands profits, c'est la vente des charmes et des philtres amoureux. Non seulement elles tiennent des pattes de crapauds pour fixer les cœurs volages, ou de la poudre de pierre d'aimant pour se faire aimer des insensibles ; mais elles font au besoin des conjurations[3] puissantes qui obligent le diable à leur prêter son secours. L'année dernière, une Espagnole me racontait l'histoire suivante : elle passait un jour dans

? A votre Avis

L'ethnologie est-elle :

- ☐ la science du comportement ?
- ☐ l'étude de son groupe social ?
- ☐ l'étude scientifique du mode de vie et des mœurs de différents peuples ?

1. Refusant toute croyance.
2. Qui doutent.
3. Formules magiques.

la rue d'Alcalá[1], fort triste et préoccupée ; une Bohémienne accroupie sur le trottoir lui cria : « Ma belle dame, votre amant vous a trahi. » C'était la vérité. « Voulez-vous que je vous le fasse revenir ? » On comprend avec quelle joie la proposition fut acceptée, et quelle devait être la confiance inspirée par une personne qui devinait ainsi d'un coup d'œil, les secrets intime du cœur. Comme il eût été impossible de procéder à des opérations magiques dans la rue la plus fréquentée de Madrid, on convint d'un rendez-vous pour le lendemain. « Rien de plus facile que de ramener l'infidèle à vos pieds, dit la Gitana. Auriez-vous un mouchoir, une écharpe, une mantille qu'il vous ait donné ? » On lui remit un fichu de soie. « Maintenant cousez avec de la soie cramoisie, une piastre dans un coin du fichu. Dans un autre coin cousez une demi-piastre ; ici, une piécette ; là, une pièce de deux réaus. Puis il faut coudre au milieu une pièce d'or. Un doublon serait le mieux. » On coud le doublon et le reste. « À présent, donnez-moi le fichu, je vais le porter au Campo-Santo[2], à minuit sonnant. Venez avec moi, si vous voulez voir une belle diablerie. Je vous promets que dès demain vous reverrez celui que vous aimez. » La Bohémienne partit seule pour le Campo-Santo, car on avait trop peur des diables pour l'accompagner. Je vous laisse à penser si la pauvre amante délaissée a revu son fichu et son infidèle.

Malgré leur misère et l'espèce d'aversion[3] qu'ils inspirent, les Bohémiens jouissent cependant d'une certaine considération parmi les gens peu éclairés[4], et ils en sont très vains[5]. Ils se sentent une race supérieure pour l'intelligence et méprisent cordialement le peuple qui leur

? A votre Avis

L'histoire du fichu est racontée au narrateur :

- ❑ par une Bohémienne ?
- ❑ par la victime ?
- ❑ par un voyageur ?

1. Belle rue au centre de Madrid.
2. Cimetière.
3. De dégoût.
4. Peu instruits.
5. Fiers.

donne l'hospitalité. « Les Gentils[6] sont si bêtes, me disait une Bohémienne des Vosges, qu'il n'y a aucun mérite à les attraper. L'autre jour, une paysanne m'appelle dans la rue, j'entre chez elle. Son poêle fumait, et elle me demande un sort pour le faire aller[7]. Moi, je me fais d'abord donner un bon morceau de lard. Puis, je me mets à marmotter quelques mots en *romani*. Tu es bête, je disais, tu es née bête, bête tu mourras… Quand je fus près de la porte, je lui dis en bon allemand : le moyen infaillible d'empêcher ton poêle de fumer, c'est de n'y pas faire de feu. » Et je pris mes jambes à mon cou.

L'histoire des Bohémiens est encore un problème. On sait à la vérité que leurs premières bandes, fort peu nombreuses, se montrèrent dans l'est de l'Europe, vers le commencement du quinzième siècle ; mais on ne peut dire ni d'où ils viennent, ni pourquoi ils sont venus en Europe, et, ce qui est plus extraordinaire, on ignore comment ils se sont multipliés en peu de temps d'une façon si prodigieuse dans plusieurs contrées fort éloignées les unes des autres. Les Bohémiens eux-mêmes n'ont conservé aucune tradition sur leur origine, et si la plupart d'entre eux parlent de l'Égypte comme de leur patrie primitive, c'est qu'ils ont adopté une fable très anciennement répandue sur leur compte.

La plupart des orientalistes[8] qui ont étudié la langue des Bohémiens, croient qu'ils sont originaires de l'Inde. En effet, il paraît qu'un grand nombre de racines et beaucoup de formes grammaticales du *romani* se retrouvent dans des idiomes[9] dérivés du sanscrit. On conçoit que dans leurs longues pérégrinations, les Bohémiens ont adopté

6. Les non-Bohémiens.
7. Le faire fonctionner correctement.
8. Universitaires spécialistes des langues et des civilisations orientales.
9. Langues régionales.

beaucoup de mots étrangers. Dans tous les dialectes du *romani*, on retrouve quantité de mots grecs. Par exemple : *cocal*, os de *kokkalon* ; *petalli,* fer de cheval, de pétalon ; *cafi*, clou, de *karfi*, etc. Aujourd'hui les Bohémiens ont presque autant de dialectes différents qu'il existe de hordes de leur race séparées les unes des autres. Partout ils parlent la langue du pays qu'ils habitent plus facilement que leur propre idiome, dont ils ne font guère usage que pour pouvoir s'entretenir librement devant des étrangers. Si l'on compare le dialecte des Bohémiens de l'Allemagne avec celui des Espagnols, sans communication avec les premiers depuis des siècles, on reconnaît une très grande quantité de mots communs ; mais la langue originale, partout, quoiqu'à différents degrés, s'est notablement altérée[1] par le contact des langues plus cultivées, dont ces nomades ont été contraints de faire usage. L'allemand, d'un côté, l'espagnol, de l'autre, ont tellement modifié le fond du *romani*, qu'il serait impossible à un Bohémien de la Forêt-Noire de converser avec un de ses frères andalous, bien qu'il leur suffît d'échanger quelques phrases pour reconnaître qu'ils parlent tous les deux un dialecte dérivé du même idiome. Quelques mots d'un usage très fréquent sont communs, je crois, à tous les dialectes ; ainsi, dans tous les vocabulaires que j'ai pu voir : *pani* veut dire de l'eau, *manro*, du pain, *mâs,* de la viande, *lon,* du sel.

Les noms de nombre sont partout à peu près les mêmes. Le dialecte allemand me semble beaucoup plus pur que le dialecte espagnol ; car il a conservé nombre de formes grammaticales primitives, tandis que les Gitanos ont adopté celles du Castillan. Pourtant quelques mots

1. Modifiée.

font exception pour attester l'ancienne communauté de langage. Les prétérits[2] du dialecte allemand se forment en ajoutant *ium* à l'impératif qui est toujours la racine du verbe. Les verbes dans le *romani* espagnol se conjuguent tous sur le modèle des verbes castillans de la première conjugaison. De l'infinitif *jamar,* manger, on devrait régulièrement faire *jamé*, j'ai mangé, de *lillar*, prendre, on devrait faire *lillé,* j'ai pris. Cependant quelques vieux Bohémiens disent par exception : *jayon, lillon*. Je ne connais pas d'autres verbes qui aient conservé cette forme antique.

Pendant que je fais ainsi étalage de mes minces connaissances dans la langue *romani*, je dois noter quelques mots d'argot français que nos voleurs ont empruntés aux Bohémiens. *Les Mystères de Paris*[3] ont appris à la bonne compagnie que *chourin* voulait dire couteau. C'est du *romani* pur ; *tchouri* est un de ces mots communs à tous les dialectes. M. Vidocq appelle un cheval *grès,* c'est encore un mot bohémien *gras, gre, graste, gris*. Ajoutez encore le mot *romamichel*[4] qui dans l'argot parisien désigne les Bohémiens. C'est la corruption de *romané tchave,* gars Bohémiens. Mais une étymologie dont je suis fier, c'est celle de *frimousse*, mine, visage, mot que tous les écoliers emploient ou employaient de mon temps. Observez d'abord que Oudin[5] dans son curieux dictionnaire, écrivait en 1640, *firlimousse*. Or, *firla, fila* en *romani* veut dire visage, *mui* a la même signification, c'est exactement *os* des Latins. La combinaison *firlamui*[6] a été sur-le-champ comprise par un Bohémien puriste, et je la crois conforme au génie de sa langue.

Vidocq (1775-1857)

Escroc et voleur, il est condamné au bagne à l'âge de 21 ans. Mais il s'évade et il est ensuite recruté comme policier, notamment pour ses talents de déguisement et d'infiltration. Il sera obligé de démissionner pour avoir préparé un cambriolage. Ses *Mémoires* sont un témoignage très vivant de la vie des bandits et de leur langage dans les années 1830. ■

2. Temps du passé à la fois passé simple, imparfait selon le contexte.
3. Roman d'Eugène Sue (publié en 1842-1843) qui connut un immense succès.
4. Le mot s'écrivait ainsi au XIXe siècle.
5. Auteur d'un dictionnaire des mots rares.
6. Étymologie fantaisiste inventée par Mérimée.

? A votre Avis

Ce dernier chapitre éclaire le personnage de Carmen :

- ❑ complètement ?
- ❑ en partie ?
- ❑ pas du tout ?

En voilà bien assez pour donner aux lecteurs de *Carmen*, une idée avantageuse de mes études sur le *romani*. Je terminerai par ce proverbe qui vient à propos : *En retudi panda nasti abela macha*. En close bouche, n'entre point mouche.

pause lecture 4

Carmen et les Bohémiens

▶ Chapitre IV

Une dissertation savante ?

1 De quoi parle le dernier chapitre ? Pourquoi le lecteur est-il surpris par son contenu ?

2 À quel domaine scientifique pourrait-on rattacher ce chapitre ?
VOIR ? PAGE 103

Une mine d'informations sur les Bohémiens…

3 Rétablissez l'ordre dans lequel sont évoqués les points suivants :
– la mystérieuse patrie des bohémiens ;
– les caractéristiques physiques et morales des Bohémiens ;
– le vocabulaire *romani* ;
– la religion et les superstitions ;
– la localisation géographique des Bohémiens.

4 Sur quels aspects du peuple bohémien le narrateur insiste-t-il ? Pourquoi ?

… et un ensemble d'anecdotes

5 Dans l'anecdote des Bohémiens établis dans les Vosges (l. 78 à 94), par quoi le narrateur est-il surpris ?

6 Dans l'épisode de la rue d'Alcala (l. 115 à 142), justifiez l'emploi du pronom indéfini « on ». À qui s'adresse le « vous » (l. 141) ? Qu'est-il arrivé à la pauvre amante ?

Un narrateur toujours énigmatique

1 De qui le narrateur tient-il ses informations ? VOIR ? PAGE 104

Un explorateur de terrain

2 Relevez les verbes qui introduisent les comptes rendus d'observations réalisées sur le terrain (l. 16 à 18, 75 à 79 et 148-149).

3 Le narrateur reprend-il fidèlement les informations qui lui sont transmises ? Citez des expressions où son jugement apparaît.

Un linguiste

4 Relevez et classez les termes qui appartiennent au champ lexical de l'étude de la langue (l. 171 à 218).

5 Est-il surprenant que le narrateur de *Carmen* s'intéresse aux langues ? Vous construirez une réponse argumentée en vous reportant d'une part au chapitre I et à la pause lecture 1, et d'autre part à la biographie de l'auteur (p. 6-7).

Un homme qui mêle préjugés et humour

6 Dans les lignes 16 à 44, quelles phrases ou expressions expriment les préjugés traditionnels à l'égard des Bohémiens ?

7 En quoi la dernière phrase est-elle amusante ? Quel est le ton du dernier paragraphe ?

Et Carmen ?

1 Le dernier chapitre donne-t-il beaucoup d'informations sur le personnage de Carmen ? VOIR ? PAGE 108

Carmen, une Bohémienne typique

2 D'après les quatre premiers paragraphes, quelles sont les activités des Bohémiens ? Quelles sont celles que l'on retrouve dans l'histoire de Carmen ?

3 Quel nom les Bohémiennes et Carmen donnent-elles à leurs maris ? De quelle qualité font-elles preuve à leur égard ?

4 « L'annonce de la mort n'a rien d'effrayant pour eux » (l. 93-94). En quoi cette phrase s'applique-t-elle très bien à Carmen ?

Carmen, la Bohémienne incarnée ?

5 Qu'affirme le narrateur sur la beauté des Bohémiennes espagnoles ? Relisez le portrait de Carmen (chap. II, l. 105 à 132). À quels animaux est-elle associée ?

6 « Il est sans exemple qu'une Gitana ait jamais eu quelque faiblesse pour un homme étranger à sa race » (l. 48). Est-ce vrai pour Carmen ? Pourquoi Mérimée a-t-il choisi d'en faire une femme fatale ?

7 Quels signes annoncent sa mort à Carmen (chap. III, l. 745 à 749) ? Quelle dimension sa mort prend-elle alors ?

Du texte à l'image

Observez l'affiche → voir dossier images p. IV

1. Quelles informations cette affiche donne-t-elle ? Par quels procédés (couleurs, typographie) sont-elles mises en valeur ?
2. Comment est présenté le personnage principal (place sur l'affiche, attitude, couleurs) ?
3. Quel trait du caractère de Carmen est ici souligné ?

Affiche du film *Carmen Jones* réalisé par Otto Preminger, 1954.

À vous de jouer

Devenez chasseurs de mots

Dans les chapitres II et III, quels sont les mots de *romani* que Mérimée emploie le plus souvent ? Quel est leur sens ? Relevez deux ou trois proverbes *romani*. Trouvez des équivalents dans les proverbes français.

Écrivez un texte argumentatif

Rédigez une lettre adressée au courrier des lecteurs, dans le journal du collège, pour recommander la lecture de *Carmen*.

vers le brevet

Au brevet,
l'épreuve de français
est sur 40 points.
Première partie :
Questions : 15 points
Réécriture : 5 points
Seconde partie :
Rédaction : 15 points
Dictée : 5 points

▶ Chapitre I, l. 291 à 382

Questions (15 points)

I. Une nuit blanche (4 points)

1 Pour quelles raisons le narrateur ne parvient-il pas à dormir ? Justifiez votre réponse par des références précises au texte. (1 point)

2 Comment l'adjectif « inhospitalier » est-il formé (l. 296) ? Quel sens a-t-il ? (1 point)

3 Passez la phrase suivante à la voix passive : « Au bout d'une heure, de très désagréables démangeaisons m'arrachèrent à mon premier somme » (l. 292-293). (1 point)

4 « Don José qui dormait du sommeil du juste » (l. 298) : quelle valeur cette expression prend-elle à la lecture de la suite du texte ? (1 point)

II. Le complot du guide (6 points)

5 Qu'est-ce qui pousse le guide à agir ? De quelle qualité fait-il preuve ? (2 points)

6 Transposez au discours indirect la phrase suivante : « Dans la venta ; il dort ; il n'a pas peur des punaises. Pourquoi donc emmenez-vous ce cheval ? » (l. 310-311). (2 points)

7 Précisez le temps et le mode du verbe « j'aurais pris » (l. 326) et justifiez son emploi. (1 point)

8 Justifiez l'accord du participe passé « volés » (l. 322). (1 point)

III. La réaction inattendue du narrateur (5 points)

9 Relevez deux adjectifs qui définissent la réaction du narrateur devant l'initiative d'Antonio et justifiez leur emploi. (2 points)

10 « Jamais je n'oublierai son regard farouche et le mouvement qu'il fit pour saisir son espingole que, par mesure de précaution, j'avais mise à quelque distance de sa couche » (l. 356 à 359). Relevez les différentes propositions de cette phrase et donnez leur nature et leur fonction. (2 points)

11 Quels sentiments successifs expriment les propos de don José dans les lignes 376 à 382 ? (1 point)

Réécriture (5 points)

Récrivez les lignes 294 à 301 à la 1re personne du pluriel.

Rédaction (15 points)

Don José se réveille avant le départ du guide et le narrateur doit s'interposer entre les deux hommes et les raisonner. Racontez la scène. Votre récit devra comporter un dialogue et un passage au discours indirect.

après
la lecture

- Carmen ou le mythe de la femme fatale

- De la nouvelle à l'opéra et au cinéma

Carmen ou le mythe de la femme fatale

Définition et origines

Un mythe est un récit qui reflète les valeurs d'un groupe social. La femme fatale porte en elle la déchéance et la mort de celui qui l'aime. **Elle est l'incarnation d'un destin funeste.** Ce rôle est incarné dans l'Ancien Testament par Dalila qui séduisit Samson pour lui soutirer le secret de sa force et le livrer à ses ennemis ; dans le Nouveau Testament, par Salomé qui conquit Hérode par la sensualité de sa danse et qui obtint de lui la tête du prophète Jean-Baptiste.

La femme fatale a inspiré de nombreux artistes.

Ce personnage de femme fatale a inspiré de nombreux écrivains comme Flaubert (*Hérodias*, 1877), Huysmans (*À rebours*, 1884), Oscar Wilde (*Salomé*, 1896) ; des peintres comme Titien, Le Caravage, Gustave Moreau ; enfin des musiciens comme Massenet ou Richard Strauss. Mérimée va créer un nouveau personnage pour incarner le mythe : Carmen, en mêlant deux courants artistiques, l'exotisme espagnol et la mode bohémienne.

L'exotisme espagnol

Dans la première moitié du XIXe siècle, l'Espagne est à la mode. Les tenues féminines avec mantilles et volants en sont un témoignage. Mérimée puise son inspiration dans les œuvres d'auteurs comme Calderón, Lope de Vega, Cervantès ou Tirso de Molina. Musset fait un voyage en Espagne qui lui inspire ce brûlant portrait d'une belle Andalouse qui pourrait être Carmen :

Elle est à moi, moi seul au monde,
Ses grands sourcils noirs sont à moi
Son corps souple et sa jambe ronde
Sa chevelure qui l'inonde
Plus longue qu'un manteau de roi.

Mérimée lui aussi part en Espagne : dès 1830, il y séjourne six mois. Il visite Madrid, Cordoue, Séville, Cadix,

Grenade, Barcelone, Valence. Il y revient en 1845, 1853 et 1864.

La fascination des Bohémiens

Carmen est andalouse, mais aussi Gitane. Or, les Bohémiens occupent une place particulière dans la littérature européenne. Au XVIIe siècle, Cervantès écrit une nouvelle, *La Petite Gitane* (1616), dont l'héroïne soumet son noble amoureux à une épreuve : pour l'épouser, il devra partager durant un an la vie des Gitans. Au XIXe siècle, Victor Hugo, dans *Notre Dame de Paris*, crée le personnage d'Esméralda, jeune et belle Bohémienne. **Les Bohémiens fascinent les Romantiques** par leur origine et leur langue mystérieuses, par la permanence de leur culture et la beauté de leurs chants et de leurs danses. Enfin, leur nomadisme remet en cause les habitudes contraignantes de la société bourgeoise.

La femme fatale

Impassible devant son destin, **la femme fatale conduit les hommes qui l'approchent à leur perte**. Carmen oppose la liberté de son désir à l'amour-prison de Don José qui veut l'enfermer dans sa jalousie. Mais la femme fatale peut devenir à son tour victime. Carmen est tuée par Don José. Esméralda est pendue. Instrument du destin, la femme fatale en est aussi la première victime. ■

Les Bohémiens occupent une place particulière dans la littérature européenne.

De la nouvelle à l'opéra et au cinéma

L'opéra de Bizet

L'opéra de Bizet fut créé le 10 mars 1875. Le livret a tenté d'atténuer la violence de l'œuvre de Mérimée pour éviter de choquer le public bourgeois de l'opéra.

Sur le plan de la structure, l'intrigue se concentre sur Don José, Carmen, Escamillo le toréador, et Micaëla, fiancée de Don José, inventée par les librettistes. Don José tue Carmen dans la dernière scène pour l'empêcher d'être à Escamillo.

La création du personnage de Micaëla modifie l'équilibre de la nouvelle, car elle est le contraire de Carmen : elle est blonde et ses cheveux sont nattés alors que la Gitane est brune et a les cheveux dénoués. La couleur de Micaëla est le bleu alors que celles de Carmen sont le rouge et le noir, symboles de la passion et de la mort. Enfin, Micaëla est originaire de Navarre, province du Nord, tandis que Carmen est andalouse. Leurs deux noms s'opposent : « Carmen » signifie « charme magique », tandis que « Micaëla » est la féminisation du nom d'un archange qui terrasse le dragon du mal. Enfin, l'opposition est aussi musicale puisque le rôle de Carmen est chanté par une mezzo-soprano, alors que celui de Micaëla est tenu par une soprano lyrique.

Carmen est l'opéra le plus joué au monde. Certains airs sont très célèbres : « Toréador, en garde » ou « L'amour est enfant de Bohème ».

Carmen au cinéma

La liste des adaptations de l'œuvre au cinéma est longue, mais elles s'inspirent toujours de l'opéra. Citons plus particulièrement

• ***Carmen Jones*** d'Otto Preminger (comédie musicale de 1954). L'action est transposée pendant la Seconde Guerre mondiale, dans le sud des **États-Unis** puis à Chicago. Les personnages sont des Afro-américains qui vivent au rythme du jazz. Carmen fabrique des parachutes dans une base militaire ; Joe (Don José) est un futur pilote de chasse et Micaëla, devenue Cindy Lou, est sa douce fiancée. Plus de toréador, mais un boxeur qui séduit Carmen.

• ***La Tragédie de Carmen*** de Peter Brook (1982) apparaît comme une création originale : la musique de Bizet a été réorchestrée et le scénario prend des libertés à la fois avec le texte de Mérimée et avec le livret de l'opéra : il présente en effet un conflit entre Carmen et Micaëla qui s'affrontent physiquement et Carmen, à la fin, accepte de suivre Don José.

• ***Carmen*** de Carlos Saura (1983) montre le travail d'un danseur et chorégraphe qui crée un ballet flamenco en utilisant à la fois le texte de Mérimée, cité à plusieurs reprises, et la musique de Bizet entrelacée avec des airs de flamenco. Peu à peu se dessinent d'étranges ressemblances entre la situation des personnages de fiction et celle des membres de la troupe.

• ***Carmen*** de Francesco Rosi (1984) avec Julia Migenes-Johnson, Ruggero Raimondi (Escamillo) et Placido Domingo (Don José), est une adaptation fidèle de l'opéra pour le grand écran, tournée en décors naturels à Ronda en Espagne. ■

autre
lecture

Bram Stoker

Une prophétie de bohémienne

traduction de l'anglais par Jean-Pierre Krémer

1883

texte intégral

Une autre nouvelle où les Bohémiennes lancent d'inquiétantes prédictions.

Qui est Bram Stoker ?

(1847-1912)

Bram Stoker

Écrivain irlandais, il est le troisième enfant d'une famille de sept. De santé délicate, il doit garder la chambre jusqu'à l'âge de huit ans, bercé de récits et de vieilles légendes irlandaises contés par sa mère.

Il est l'auteur de nombreuses nouvelles et surtout du roman *Dracula*, publié en 1897, sur lequel il travaille plus de dix années, et qui l'a rendu célèbre. Bram Stoker s'est particulièrement illustré dans le récit fantastique.

La nouvelle *Une prophétie de Bohémienne* (*The Gipsy prophecy*) a été publiée dans un recueil posthume intitulé *L'Invité de Dracula* (*Dracula's guest*). ■

– JE PENSE VRAIMENT, DIT LE DOCTEUR, que l'un de nous au moins devrait y aller pour essayer, et voir s'il s'agit ou non d'une imposture[1].

– Bien ! dit Considine. Après dîner, nous prendrons nos cigares et nous irons faire un tour au campement.

Ainsi, le dîner achevé, la bouteille de bordeaux vidée, Joshua Considine et son ami, le docteur Burleigh, se dirigèrent vers l'extrémité est du terrain communal où se trouvait le campement des bohémiens.

Comme ils s'éloignaient, Mary Considine, qui les avait accompagnés jusqu'au fond du jardin où s'ouvrait le chemin, cria à son mari :

– N'oublie pas, Joshua ! Laisse-leur une chance équitable de lire ton avenir, mais ne leur donne aucun indice, et ne te mets pas à faire de l'œil aux jeunes bohémiennes ! Et prends soin de tenir Gerald hors du danger !

En guise de réponse, Considine leva la main comme le fait un comédien sur scène quand il prête serment, puis se mit à siffler l'air d'une vieille chanson, *La Comtesse bohémienne*. Gerald entonna la mélodie à son tour, et les deux amis, éclatant d'un rire joyeux, prirent le chemin du terrain communal, se retournant de temps à autre pour saluer Mary qui s'appuyait sur la barrière et, dans le crépuscule, les regardait s'éloigner.

C'était une belle soirée d'été, l'air lui-même était empli de quiétude[2] et de bonheur calme, symbole extérieur de la paix et de la joie qui faisaient un paradis de la maison du jeune couple. La vie de Considine n'avait pas été riche en événements. Le seul élément perturbateur qu'il ait jamais connu avait été la cour qu'il

1. Tromperie.
2. Paix.

avait faite à Mary Winston, et l'opposition longtemps manifestée par ses parents ambitieux qui espéraient un parti[1] plus brillant pour leur fille unique. Quand M. et Mme Winston avaient découvert l'attachement du jeune avocat, ils avaient essayé d'éloigner les jeunes gens en envoyant leur fille faire une longue série de visites en province, après avoir obtenu d'elle la promesse de ne pas correspondre[2] avec son amant pendant son absence. L'amour toutefois avait surmonté l'épreuve. Ni l'absence ni le silence n'avaient paru refroidir la passion du jeune homme, et la jalousie semblait une chose inconnue de sa nature confiante ; ainsi, après une longue période d'attente, les parents cédèrent et les jeunes gens se marièrent.

Ils habitaient le cottage[3] depuis quelques mois et commençaient à se sentir chez eux. Gerald Burleigh, vieil ami d'université de Joshua, et lui-même victime jadis de la beauté de Mary, était arrivé la semaine précédente avec l'intention de rester avec eux aussi longtemps qu'il pourrait s'arracher à son travail à Londres.

Quand son mari eut complètement disparu, Mary revint à la maison, et, s'asseyant au piano, consacra une heure à Mendelsohn[4].

Il fallut peu de temps pour traverser le terrain communal, et, avant que les deux cigares fussent terminés, les deux hommes avaient atteint le campement des bohémiens. L'endroit était aussi pittoresque que le sont d'ordinaire les campements de bohémiens – quand ils sont plantés dans les villages et que les affaires sont bonnes. Il y avait quelques curieux autour du feu, investissant leur argent dans les prophéties, et beaucoup d'autres,

1. Mari.
2. Écrire.
3. Petite maison de campagne.
4. Musicien allemand (1809-1847), auteur de concertos pour piano d'inspiration romantique.

plus pauvres ou plus économes, qui restaient à l'écart du campement, mais assez près pour voir tout ce qui se passait.

Quand les deux amis s'approchèrent, les villageois, qui connaissaient Joshua, s'écartèrent un peu, et une jolie bohémienne aux yeux perçants vint à eux et proposa de leur prédire l'avenir. Joshua tendit sa main, mais la fille, négligeant de l'examiner, le dévisagea d'une façon très étrange. Gerald donna un coup de coude à son ami :

– Tu dois lui donner une pièce, dit-il. C'est à cette seule condition que se manifestera le mystère.

Joshua tira une demi-couronne[5] de sa poche et la lui tendit, mais sans regarder la pièce, elle répondit :

– Vous devez mettre une pièce de plus dans la main de la bohémienne.

Gerald rit.

– Vraiment, tu n'en rates pas une, dit-il.

Joshua était le genre d'homme – le genre universel capable de supporter le regard fixe d'une jolie fille. Aussi, avec un certain détachement[6], il répondit :

– Très bien, ma belle ; mais en échange, vous devrez me prédire un très bel avenir. Et il lui tendit un demi-souverain qu'elle prit en disant :

– Ce n'est pas à moi de vous prédire un bon ou un mauvais avenir, je lis simplement ce que les étoiles disent.

Elle prit sa main droite et la retourna, la paume en l'air, mais à l'instant où ses yeux la déchiffraient, elle la laissa tomber comme si celle-ci était chauffée à blanc[7], et, le regard effrayé, elle s'éclipsa[8] rapidement. Levant alors le rideau de la grande tente qui occupait le centre du campement, elle disparut à l'intérieur.

5. Monnaie anglaise.
6. Calme.
7. À très haute température.
8. Disparut.

– Tu t'es fait encore avoir, dit le cynique[1] Gerald.

Joshua paraissait étonné, et pas du tout satisfait. Ils surveillèrent tous deux la tente principale. Peu après émergea du rideau entrouvert non pas la jeune bohémienne, mais une femme d'un certain âge, au maintien digne et à la présence imposante.

Au même instant, le campement entier sembla se figer. Le claquement des langues, les rires, toutes les activités cessèrent un bref moment, et les hommes et les femmes qui étaient assis ou à moitié couchés, se levèrent pour venir s'approcher de la bohémienne à l'aspect impérial.

– La Reine, bien sûr, murmura Gerald. Nous avons de la chance, ce soir.

La Reine des bohémiens jeta un regard perçant autour du campement et puis, sans hésiter un instant, vint droit sur Joshua et se planta devant lui :

– Donnez votre main, dit-elle d'un ton sans réplique. De nouveau Gerald murmura :

– On ne m'a jamais parlé sur ce ton depuis que j'étais à l'école.

– L'or en échange de votre main.

– Entre dans son jeu, souffla Gerald, et Joshua déposa un nouveau demi-souverain[2] dans la paume tendue.

La bohémienne étudia la main en fronçant les sourcils ; puis tout à coup, regardant Joshua bien en face, elle lui dit :

– Avez-vous une forte volonté, avez-vous un cœur loyal qui peut faire preuve de courage devant l'être que vous aimez ?

– Je le pense, mais je crains de ne pas avoir suffisamment de vanité pour en convenir.

1. Moqueur et provocateur.
2. Monnaie anglaise.

– Alors je répondrai pour vous. Je vois en effet sur votre visage de la résolution[3], et même de la détermination[4]. Vous avez une femme et vous l'aimez ?

– Oui, répondit Joshua avec emphase[5].

– Alors, quittez-la immédiatement pour ne plus jamais la revoir. Éloignez-vous d'elle tout de suite, dans la fraîcheur de votre amour et la pureté de votre cœur, incapable de faire le moindre mal. Partez vite, partez loin, et ne la revoyez jamais plus !

Joshua retira sa main rapidement et dit : « Merci ! » mais avec raideur et sur le ton du sarcasme[6], tout en cherchant à s'éloigner.

– Ah, non ! Ne t'en va pas comme ça ! dit Gerald. Mon vieux, ça ne vaut pas la peine de s'indigner contre les étoiles ou leur prophète, et en plus, ton souverain, qu'est-ce qu'il devient ? Au moins, écoute-la jusqu'à la fin.

– Silence, ribaud[7], ordonna la Reine, vous ne savez pas ce que vous dites. Laissez-le partir ; partir ignorant, s'il ne veut rien savoir.

Joshua fit demi-tour immédiatement :

– Non, nous allons en finir avec cette histoire, dit-il. Maintenant, madame, vous m'avez donné un conseil et je vous ai payée pour lire mon avenir.

– Je t'en avertis, dit la bohémienne. Les étoiles se sont tues pendant longtemps ; laissons le mystère qui les entoure demeurer longtemps encore.

– Ma chère madame, je ne passe pas à côté d'un mystère tous les jours et je préfère en avoir pour mon argent plutôt que de rester dans l'ignorance. Cette dernière, je m'en accommode quand je veux, et pour rien.

3. Fermeté.
4. Volonté.
5. Grandeur.
6. De la moquerie.
7. Grossier personnage.

Gerald acquiesça :

– J'en ai chez moi un grand stock d'invendables !

La Reine des bohémiens dévisagea sévèrement les deux hommes et leur dit :

– Comme vous voulez ! Vous avez décidé : vous opposez à mon avertissement le mépris, et à mon appel la plaisanterie. Que le destin tombe sur vos têtes[1] !

– Amen[2] ! dit Gerald.

D'un geste impérieux[3], la Reine reprit la main de Joshua et commença à lui prédire son avenir :

– Je vois ici du sang qui coule ; il va couler ; il coule devant mes yeux. Il coule dans le cercle brisé d'un anneau de mariage brisé.

– Continuez, dit Joshua, souriant.

Gerald était silencieux.

– Dois-je parler plus clairement ?

– Certainement. Nous autres, communs mortels[4], nous voulons quelque chose de précis. Les étoiles sont lointaines et leur message est quelque peu obscur.

La bohémienne frémit et se mit à parler d'une façon impressionnante :

– Voici la main d'un assassin ! L'assassin de sa femme !

Elle laissa tomber la main et détourna la tête. Joshua rit :

– Vous savez, dit-il, si j'étais à votre place, j'introduirais un peu de jurisprudence[5] dans mon système de prédiction. Par exemple, vous dites que « cette main est la main d'un assassin ». Eh bien ! quoi qu'elle puisse être à l'avenir, ou devenir, pour le moment elle n'en est pas une. Vous devriez dire votre prophétie dans des termes tels que : « La main qui sera celle d'un assassin », ou plutôt : « La main qui sera celle d'une personne qui sera l'assassin

1. Formule de malédiction.
2. Ainsi soit-il !
3. Autoritaire.
4. Qui n'ont pas de pouvoirs surnaturels.
5. Précision dans le vocabulaire.

de sa femme ». Les étoiles, vraiment, ne sont pas très calées sur ces questions techniques.

La bohémienne ne fit pas de commentaire, mais, baissant la tête d'un air triste, elle marcha lentement vers la tente et disparut en soulevant le rideau.

Silencieux, les deux hommes prirent le chemin du retour et retraversèrent la lande. Après un certain temps, et avec un peu d'hésitation, Gerald se mit à parler :

– Naturellement, mon vieux, tout cela n'est qu'une plaisanterie, une plaisanterie effrayante, mais une plaisanterie. Ne vaudrait-il pas mieux la garder pour nous ?

– Que veux-tu dire ?

– Eh bien, ne pas la raconter à ta femme. Elle pourrait l'alarmer[6].

– L'alarmer ? Mais, mon cher Gerald, à quoi penses-tu ? Mary ne serait ni alarmée ni effrayée par moi, même si toutes les bohémiennes, qui ne sont jamais venues de Bohême, se mettaient d'accord pour dire que je vais l'assassiner, ou que je vais avoir une pensée blessante à son égard, et cela dans un laps de temps aussi long qu'il lui faudrait pour dire « Non ».

Gerald rétorqua :

– Mon cher, les femmes sont superstitieuses, beaucoup plus que nous ne le sommes. Et aussi, elles sont bénies – ou maudites –, avec leur système nerveux auquel nous sommes étrangers. Je ne le vois que trop dans mon travail pour ne pas en tenir compte. Crois-moi, ne lui dis rien, ou tu vas l'effrayer.

Le visage de Joshua se durcit quand il répondit :

– Mon cher, je n'aurai pas de secret pour ma femme. En avoir serait détruire l'entente qui règne entre nous.

6. Inquiéter.

Nous n'avons pas de secret l'un pour l'autre. Si jamais nous en avons, alors attends-toi que survienne quelque chose de bizarre entre nous !

– Néanmoins, dit Gerald, même si je dois t'irriter, je te le répète avant qu'il ne soit trop tard, il vaut mieux ne pas lui en parler.

– Ce sont les mêmes mots que ceux de la bohémienne, dit Joshua. Tous les deux, vous avez le même avis. Dis-moi, mon vieux, est-ce que c'est un coup monté[1] ? C'est toi qui m'as parlé du campement des bohémiens ; est-ce que tu aurais arrangé tout cela avec Sa Majesté ?

Joshua avait parlé d'un air mi-sérieux, mi-plaisant. Gerald lui assura qu'il n'avait entendu parler du campement que le matin même. Mais Joshua se moquait de son ami, et durant cet échange de plaisanteries, le temps avait passé et ils entrèrent dans le cottage.

Mary était assise au piano mais ne jouait pas. L'obscurité avait éveillé de tendres sentiments dans sa poitrine et ses yeux étaient emplis de douces larmes. Quand les deux hommes entrèrent, elle se glissa à côté de son mari et l'embrassa. Joshua prit une pose tragique :

– Mary, dit-il d'une voix profonde, écoute les paroles du sort. Les étoiles ont parlé et le destin est scellé[2].

– Alors, dis-moi, chéri ? Dis-moi l'avenir, mais ne m'effraie pas.

– Bien sûr que non, ma chérie. Mais il est une vérité qu'il faut que tu connaisses. Elle est nécessaire, même, afin que tous les arrangements puissent être pris à l'avance et chaque chose accomplie décemment[3] et dans l'ordre.

– Continue, chéri. Je t'écoute.

1. Complot.
2. Fixé.
3. Comme il convient.

– Mary Considine, il n'est pas impossible que l'on voie un jour ton effigie chez Madame Tussaud[4]. Les étoiles, qui se moquent des juristes, ont annoncé la nouvelle sinistre[5] : cette main sera rouge, rouge de ton sang. Mary ! Mon Dieu !

Il s'était précipité, mais trop tard, pour la rattraper avant qu'elle ne tombe évanouie sur le sol.

– Je te l'avais dit, commenta Gerald. Tu ne les connais pas comme je les connais.

Peu après, Mary reprit conscience, mais pour sombrer aussitôt dans une forte hystérie[6] qui la fit rire, pleurer et divaguer[7]. Elle criait : « Tenez-le à distance de moi, de moi ! Joshua, mon mari ! » et bien d'autres paroles d'appel au secours et de frayeur.

Joshua Considine était dans un état d'esprit proche du désespoir ; quand, enfin, Mary redevint calme, il s'agenouilla devant elle, embrassa ses pieds, ses mains, ses cheveux, l'appela de tous les noms doux et lui adressa toutes les paroles tendres que ses lèvres pouvaient formuler. Toute la nuit il resta assis à son chevet et lui tint la main. Tard dans la nuit, et jusqu'au petit matin, elle se réveilla plusieurs fois de son sommeil et cria comme effrayée jusqu'à ce qu'elle fût réconfortée par la conscience que son mari veillait à son côté.

Au cours du petit-déjeuner, qui fut servi tard le lendemain matin, Joshua reçut un télégramme qui le réclamait à Witteric, un village situé à une vingtaine de miles[8]. Il hésita à s'y rendre, mais Mary ne voulut pas qu'il restât, et un peu avant midi il partit dans son cabriolet[9].

Quand elle fut seule, Mary se retira dans sa chambre. Elle ne se montra pas au déjeuner, mais quand le thé de

4. Musée londonien où sont présentées les statues en cire des célébrités.
5. Funeste.
6. Violente crise nerveuse.
7. Dire n'importe quoi.
8. Environ 35 km.
9. Sa voiture à cheval.

l'après-midi fut servi sur la pelouse, sous le grand saule pleureur, elle vint se joindre à son invité. Elle semblait tout à fait remise de sa maladie de la veille au soir. Après quelques remarques anodines[1], elle dit à Gerald :

– Bien sûr, c'était bête hier soir, mais je n'ai pas pu m'empêcher de me sentir effrayée. Je crois que je le serais encore si je me permettais d'y penser. Mais après tout, ces gens ne font qu'imaginer ces choses et je suis en mesure de prouver que la prédiction est fausse – si la prédiction est bien fausse, ajouta-t-elle tristement.

– Que comptez-vous faire ? demanda Gerald.

– Aller moi-même au campement des bohémiens, et demander à la Reine de me prédire l'avenir.

– Parfait ! Je peux vous accompagner ?

– Oh, non ! Cela gâcherait tout ! Elle pourrait vous reconnaître et me deviner, et arranger ses prédictions ! J'irai cet après-midi, toute seule.

À la fin de l'après-midi, Mary Considine prit la direction du campement des bohémiens. Gerald l'accompagna jusqu'à l'entrée du terrain communal et revint seul. Une demi-heure s'était à peine écoulée que Mary revint dans le salon où Gerald était étendu sur le canapé en train de lire.

Elle était pâle comme la mort et dans un état d'excitation extrême. Elle avait à peine traversé le seuil qu'elle s'effondra en gémissant sur le tapis. Gerald se précipita pour l'aider à se relever, mais elle fit un effort extrême, se contrôla et lui demanda le silence. Il attendit, et le désir de lui obéir parut être le meilleur secours, parce que, après quelques minutes, elle sembla un peu remise et put lui dire ce qui s'était passé.

1. Banales.

– Quand je suis arrivée au camp, il me sembla qu'il n'y avait pas âme qui vive. Je me dirigeai vers le centre et j'attendis. Tout à coup, une grande femme apparut à côté de moi. « Quelque chose m'a dit qu'on me voulait », me dit-elle. Elle tendit la main et j'y glissai une pièce d'argent. Elle tira de son cou un petit objet d'or et le déposa à côté. Puis elle les prit tous deux et les jeta dans le ruisseau qui passait à nos pieds. Puis elle prit ma main dans les siennes et se mit à proférer[2] : « Rien que le sang dans cet endroit coupable » et elle s'éloigna. Je la rattrapai, lui demandai de m'en dire davantage. Après quelques hésitations, elle dit : « Hélas ! hélas ! Je vous vois couchée au pied de votre mari, et ses mains sont rouges de sang. »

Gerald ne se sentit pas du tout à l'aise et voulut plaisanter.

– Assurément, dit-il, cette femme est hantée par l'idée d'un meurtre.

– Ne riez pas, dit Mary, je ne puis le supporter. Et, comme saisie par une impulsion soudaine, elle quitta la pièce.

Peu après, Joshua revint, souriant et de bonne humeur, aussi affamé qu'un chasseur après sa longue promenade. Sa présence réconforta sa femme qui sembla beaucoup plus souriante, mais elle ne mentionna pas l'épisode de la visite au campement des bohémiens, si bien que Gerald se tut lui aussi. Comme par un consentement tacite[3], le sujet ne fut pas abordé pendant la soirée. Mais une expression étrange et décidée passa sur le visage de Mary, que Gerald ne put pas ne pas voir.

Le lendemain matin, Joshua descendit au petit-déjeuner plus tard que de coutume. Mary s'était levée tôt et

2. Dire à haute voix.
3. Accord silencieux.

se promenait dans la maison depuis le matin. Le temps passant, elle semblait devenir nerveuse, et, de temps à autre, elle jetait autour d'elle un regard anxieux.

Gerald ne put que remarquer que personne au petit-déjeuner n'arrivait à avaler la nourriture de façon satisfaisante. Ce n'était pas que les côtelettes fussent dures, mais les couteaux étaient émoussés[1]. Lui, étant invité, bien sûr ne fit pas de commentaire. Mais bientôt, il vit Joshua qui passait son doigt sur le bord de la lame de son couteau d'une façon inconsciente. En le voyant faire, Mary devint pâle et faillit s'évanouir.

Après le petit-déjeuner, ils sortirent tous sur la pelouse. Mary composa un bouquet et dit à son mari : « Cueille-moi quelques-unes de ces roses, chéri. »

Joshua attira une branche du rosier qui grimpait sur la façade de la maison. La tige fléchit, mais elle était trop épaisse pour qu'elle pût être cassée. Il mit la main à sa poche pour prendre son couteau mais ne le trouva pas.

– Donne-moi ton couteau, Gerald, dit-il.

Mais Gerald n'en avait point, aussi alla-t-il dans la salle à manger et en prit un sur la table. Il revint, touchant le fil de la lame et grommelant :

– Que diable ! Que s'est-il passé avec tous les couteaux ? Ils semblent tous être ébréchés !

Mary se détourna subitement et rentra dans la maison.

Joshua s'essaya à couper la tige avec son couteau émoussé comme font les cuisinières dans les campagnes avec les cous des poulets, ou les garçons quand ils coupent de grosses ficelles. Avec un peu d'effort, il accomplit sa tâche. Les roses poussaient épaisses sur la branche ; aussi décida-t-il de cueillir un grand bouquet.

1. Avaient perdu leur tranchant.

Il ne put pas trouver un seul couteau aiguisé dans la desserte[2] où étaient rangés les couteaux, aussi il appela Mary, et quand elle arriva, il lui dit ce qui se passait. Elle semblait si agitée et si misérable qu'il ne put résister au désir de savoir la vérité, et, comme étonné et blessé, il lui demanda :

– Tu veux dire que c'est toi, toi qui as fait ça ?…

Elle l'interrompit :

– Oh ! Joshua ! J'avais si peur.

Joshua, après un moment, reprit, un air décidé sur son visage blême[3] :

– Mary, dit-il, c'est ainsi que tu as confiance en moi ? Je ne l'aurais pas cru.

– Oh ! Joshua ! cria-t-elle en le suppliant, pardonne-moi, et elle versa des larmes amères.

Joshua réfléchit un instant et dit :

– Je comprends maintenant. Il faut en finir avec tout cela, ou nous deviendrons tous fous. Il courut au salon :

– Où vas-tu ? cria presque Mary.

Gerald intervint, disant qu'il n'était pas superstitieux au point d'avoir peur d'instruments émoussés, surtout quand il vit Joshua sortir de la porte-fenêtre, tenant à la main un grand couteau gourka[4] qui, d'ordinaire, était posé sur la table du milieu – c'était un cadeau que son frère lui avait envoyé de l'Inde du Nord, un de ces grands couteaux de chasse utilisés dans les combats à l'arme blanche et qui avaient été si efficaces contre les ennemis des Gourkas loyaux, lors de leur mutinerie. Lourd, mais bien équilibré dans la main, il semblait léger, avec sa lame effilée comme un rasoir. Avec l'un de ces couteaux, un Gourka aurait pu couper un mouton en deux.

2. Meuble où l'on dépose les plats et les couverts après le service.

3. Très pâle.

4. Poignard utilisé par les Gourkas, peuple du nord de l'Inde.

Quand Mary vit son époux sortir de la pièce l'arme à la main, elle se mit à crier dans un accès de frayeur, et les hystéries de la nuit passée revinrent immédiatement.

Joshua courut vers elle et, la voyant tomber, jeta le couteau et essaya de la rattraper.

Mais il intervint une seconde trop tard, et les deux hommes crièrent en même temps en voyant Mary affalée sur la lame nue.

Gerald, arrivé près d'elle, constata qu'en tombant, la lame était restée en partie fichée dans l'herbe, et qu'elle avait entaillé la main gauche de Mary. Quelques-unes des petites veines de sa main étaient tranchées et le sang coulait librement de sa blessure. Pendant qu'il mettait un pansement, il fit remarquer à Joshua que l'anneau de mariage avait été coupé par l'acier.

Ils l'emportèrent, évanouie, dans la maison. Quand, après un certain temps, elle reprit conscience, son bras en écharpe, elle était apaisée et heureuse. Elle dit à son mari :

– La bohémienne était merveilleusement près de la vérité ; trop près pour que la vraie chose puisse jamais arriver maintenant, chéri.

Joshua se pencha et embrassa la main blessée.

à lire

▶ Si vous aimez l'univers de Mérimée

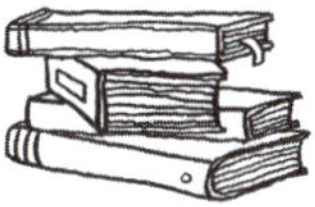

- *La Vénus d'Ille,* 1837

Comment une statue de la déesse Vénus peut-elle devenir une dangereuse rivale ?

- *Lokis,* 1869

Le titre est une énigme qui ne sera résolue qu'à la fin. Pourquoi le comte Szémioth a-t-il une conduite aussi mystérieuse ?

- *Mateo Falcone,* 1829

Sens de l'honneur et amour paternel : comment résoudre ce dilemme ?

- *Colomba,* 1840

La Corse est le théâtre d'une sombre vengeance familiale.
Y a-t-il encore de la place pour une histoire d'amour ?

▶ Si vous aimez les nouvelles fantastiques

- **Gautier Théophile,** *La Morte amoureuse,* 1836

Le fantastique est à l'œuvre dans la vie quotidienne et il n'en est que plus inquiétant.

- **Villiers de l'Isle Adam,** *Contes cruels,* 1883

Suspens, frissons et cruauté s'allient pour le plus grand plaisir du lecteur.

- **Henry James,** *Le Dernier des Valerii,* 1874

Quatre nouvelles dans lesquelles la banalité de la vie quotidienne est bousculée par des événements bien étranges .

▶ Si vous aimez les grandes histoires d'amour

- ***Tristan et Iseut,*** Moyen âge

Le mythe de l'amour impossible. Le roi Marc oubliera-t-il son ressentiment et après tant d'aventures et d'épreuves, permettra-t-il enfin la réunion des amants ?

- **Boris Vian,** ***L'Écume des jours,*** éditions 10/18, 1947

Dans un espace-temps différent, comment Chloé et Colin vont-ils tenter de sauver leur amour menacé par la maladie ? « Le plus poignant des romans d'amour contemporains », disait Raymond Queneau.

à voir

- ***Carmen,*** **opéra de Bizet,** 1875

Cet opéra-comique est une adaptation plus ou moins fidèle de l'œuvre de Mérimée. Elle fait notamment apparaître de nouveaux personnages et gomme totalement le narrateur de l'intrigue. La musique rend toute la passion de la fougueuse Carmen.

- ***Carmen Jones,*** **film d'Otto Preminger,** 1954

Transposition de l'opéra de Bizet dans le sud des États-Unis et pendant la Seconde Guerre mondiale. Une musique et des dialogues adaptés à la modernité, un sens remarquable du rythme et du tragique.

- ***Carmen,*** **film de Carlos Saura,** 1983

Une troupe de danseurs est en train de monter le ballet *Carmen*. Quand la réalité rejoint la fiction et quand la musique de Bizet s'allie à celle du flamenco.

TABLE DES ILLUSTRATIONS

Conception graphique : Laurence Durandeau/Marie-Astrid Bailly-Maître/Laurence Ningre
Design de couverture : Concept et illustration Hartland Villa
Illustrations intérieures : Buster Bone (p. 10-11)/Renaud Scapin (p. 114)/
Élise Rebaa-Launay (p. 137-138)
Recherche iconographique : Claire Balladur
Mise en page : ScienTech Livres
Édition : Marion Noesser avec la collaboration de Jennifer Kirkoz

COLLÈGE

51. **Courteline**, *Le gendarme est sans pitié*
38. **Dumas**, *Les Frères corses*
1. **Homère**, *L'Odyssée*
29. **Hugo**, *Le Dernier Jour d'un condamné*
2. **La Fontaine**, *Le Loup dans les Fables*
3. **Leprince de Beaumont**, *La Belle et la Bête*
10. **Maupassant**, *Boule de suif*
26. **Maupassant**, *La folie dans les nouvelles fantastiques*
43. **Maupassant**, 4 nouvelles normandes (*anthologie*)
62. **Mérimée**, *Carmen*
11. **Mérimée**, *La Vénus d'Ille*
7. **Molière**, *L'Avare*
23. **Molière**, *Le Bourgeois gentilhomme*
58. **Molière**, *Le Malade imaginaire*
36. **Molière**, *Les Fourberies de Scapin*
52. **Molière**, *Le Sicilien*
28. **Musset**, *Il ne faut jurer de rien*
6. **Nicodème**, *Wiggins et le perroquet muet*
21. **Noguès**, *Le Faucon déniché*
59. **Perrault**, 3 contes (*anthologie*)
8. **Pouchkine**, *La Dame de pique*
12. **Radiguet**, *Le Diable au corps*
39. **Rostand**, *Cyrano de Bergerac*
24. **Simenon**, *L'Affaire Saint-Fiacre*
9. **Stevenson**, *Le Cas étrange du Dr Jekyll et de M. Hyde*
54. **Tolstoï**, *Enfance*
61. **Verne**, *Un hivernage dans les glaces*
25. **Voltaire**, *Le Monde comme il va*
53. **Zola**, *Nantas*
42. **Zweig**, *Le Joueur d'échecs*
4. *La Farce du cuvier* (anonyme)
37. *Le Roman de Renart* (anonyme)
5. Les défauts dans les fabliaux (*anthologie*)
41. Les textes fondateurs (*anthologie*)
22. 3 contes sur la curiosité (*anthologie*)
40. 3 meurtres en chambre close (*anthologie*)
44. 4 contes de sorcières (*anthologie*)
27. 4 nouvelles réalistes sur l'argent (*anthologie*)

LYCÉE

60. **Balzac**, *L'Auberge rouge*
18. **Balzac**, *Le Chef-d'œuvre inconnu*
47. **Balzac**, *La Duchesse de Langeais*
33. **Balzac**, *Gobseck*
34. **Barbey d'Aurevilly**, *Le Bonheur dans le crime*
32. **Beaumarchais**, *Le Mariage de Figaro*
20. **Corneille**, *Le Cid*
56. **Flaubert**, *Un coeur simple*
49. **Hugo**, *Ruy Blas*
57. **Marivaux**, *Les Acteurs de bonne foi*
48. **Marivaux**, *L'Île des esclaves*
19. **Maupassant**, *La Maison Tellier*
55. **Molière**, *Amphitryon*
15. **Molière**, *Dom Juan*
35. **Molière**, *Le Tartuffe*
63. **Musset**, *Les Caprices de Marianne*
14. **Musset**, *On ne badine pas avec l'amour*
46. **Racine**, *Andromaque*
30. **Racine**, *Phèdre*
13. **Rimbaud**, *Illuminations*
50. **Verlaine**, *Fêtes galantes, Romances sans paroles*
45. **Voltaire**, *Candide*
17. **Voltaire**, *Micromégas*
31. L'Encyclopédie (*anthologie*)
16. Traits et portraits du XVIIe siècle (*anthologie*)

MIXTE
Papier issu de sources responsables
FSC® C022030
FSC www.fsc.org

CARRÉS CLASSIQUES
Nathan

Imprimé en France par la Nouvelle Imprimerie Laballery
N° édition : 10240896 - Dépôt légal : octobre 2017 - N° dimpression : 709445
La Nouvelle Imprimerie Laballery est titulaire de la marque Imprim'Vert®